महाभारत

एक दर्शन

महाभारत
एक दर्शन

डॉ. दिनकर जोशी

अनुवाद

त्रिवेणी प्रसाद शुक्ला

प्रकाशक : **विद्या विकास एकेडेमी**
3637 नेताजी सुभाष मार्ग, दरियागंज, नई दिल्ली-110002
 • संस्करण : 2025 • मूल्य : तीन सौ रुपए
मुद्रक : प्रिंट मीडिया, नई दिल्ली ISBN 978-93-84343-57-6

MAHABHARAT : EK DARSHAN
by Dr. Dinkar Joshi ₹ 300.00
Published by **VIDYA VIKAS ACADEMY**
3637 Netaji Subhash Marg, Darya Ganj, New Delhi-110002

अर्थशास्त्रं इदं प्रोक्तं धर्मशास्त्रं इदं महत्।
कामशास्त्रं इदं प्रोक्तं व्यासेनामितलु रिहन॥

दर्शन की दिशा

मूल रूप से 'समकालीन' गुजराती दैनिक के रविवारीय संस्करण में ऐसे कुछ प्रश्नों के विषय में धारावाहिक श्रेणी शुरू की थी। परंतु बाद में पाठकों ने इसमें सक्रिय रुचि लेकर नए-नए प्रश्न उठाए, इसलिए यह श्रेणी जितना सोचा था, उससे अधिक लंबी होती गई।

यहाँ जो उल्लेख किए गए हैं, उनमें 'भंडारकर ओरिएंटल इंस्टीट्यूट, पुणे' के अधिकृत पाठ और गीता प्रेस, गोरखपुर की महाभारत की आवृत्ति का आधार लिया है, यह स्पष्ट कर देता हूँ।

हिंदी भाषा के पाठकों ने मेरी मूल गुजराती रचनाओं का स्वागत किया है, ऐसी मेरी मान्यता बेवजूद नहीं है। आज तक मेरी 20 से अधिक रचनाएँ प्रकाशित हो चुकी हैं, यह हिंदी पाठकों की शुभकामना का ही प्रतीक है। इस रचना का अनुवाद-कर्म अपने कंधे पर उठानेवाले मित्र श्री त्रिवेणी प्रसाद शुक्ला और इसे प्रकाशित करने के लिए प्रभात प्रकाशन के प्रति धन्यवाद प्रदर्शित करता हूँ।

—डॉ. दिनकर जोशी

102-ए, पार्क एवेन्यू,
महात्मा गांधी रोड, दहाणूकर वाड़ी,
कांदिवली (पश्चिम), मुंबई-400067
दूरभाष : 09969516745
वेबसाइट : www.dinkarjoshi.com
इ मेल : dinkarjoshi@rediffmail.com

विषय सूची

1

मानव व्यवहार का शाश्वत धर्म

महाभारत के विषय में भारतीय भाषाओं में ही नहीं, विदेशी भाषाओं में भी अब तक बहुत कुछ लिखा गया है और अभी भी अविरत लिखा जा रहा है। पाठकों में भी महाभारत के विषय में अलग-अलग दृष्टिकोण से उसे सतत पढ़ते रहने का आकर्षण अक्षुण्ण रहा है। महाभारत कोई बाइबल या कुरान जैसा धर्मग्रंथ नहीं है, तथापि सदियों से लेखकों और पाठकों, दोनों पक्षों में इसमें सतत नवीनता बनी रही है। इसका क्या कारण हो सकता है?

महाभारत धर्मग्रंथ नहीं, यह बात आंशिक सत्य है। सही कहें तो महाभारत तमाम धर्मों का योग है। यहाँ 'धर्म' शब्द एक विशेष अर्थ में प्रयुक्त हुआ है। धर्म माने कोई संप्रदाय नहीं। अंग्रेजी में जिसे Religion कहते हैं, उस अर्थ में 'धर्म' शब्द का उपयोग महाभारत में नहीं हुआ है। महाभारत का धर्म मानव व्यवहार का शाश्वत धर्म है।

महाभारत की बराबरी करने के लिए जिनके नाम प्राय: लिये जाते हैं, वे ग्रीक भाषा के ग्रंथ 'ईलियड' और 'ओडिसी' निश्चित राजकुलों की बात करते हैं। इसी प्रकार महाभारत के साथ ही जिसका नाम लिया जाता है, उस

ग्रंथ 'रामायण' में भी केंद्र स्थान पर एक व्यक्ति है। रामायण के रचयिता 'वाल्मीकि' ब्रह्मा से राम की कथा लिखने का आदेश प्राप्त करते हैं और एक ऐसे पुरुष की कथा का आलेखन करना चाहते हैं, जो पुरुष धर्म का ज्ञाता हो, सत्यनिष्ठ हो, सफल, ज्ञानी, पवित्र, जितेंद्रिय, धनुर्विद्या में प्रवीण तथा सर्वगुण-संपन्न हो। नारद ने वाल्मीकि को ऐसे पुरुष के रूप में राम का परिचय कराया और क्रौंचवध के बाद व्यथित हुए कवि को ब्रह्मा ने ही रामकथा लिखने का सुझाव दिया है। इस रामकथा में इसके सर्जक को कथानायक राम के जीवन के किन-किन पहलुओं को समेट लेना है, इसकी भी ब्योरेवार सूची नारद ने कवि को दी है। इस प्रकार रामायण की रचना का आरंभ वाल्मीकि की करुणा और व्यथा के साथ हुआ है। इसमें इस करुणाभाव के उपरांत भक्तिभाव भी प्रधान स्थान पर है। महाभारत के विषय में ऐसा नहीं कहा जा सकता।

वेदों में एक शब्द प्रयुक्त हुआ है—सावित्री मंत्र। वेदों का सावित्री मंत्र है गायत्री। सावित्री मंत्र माने एक ऐसा मंत्र, जो समग्र ग्रंथ के नाभि-स्थान पर हो, जिस मंत्र को केंद्र में रखकर सर्जक द्वारा रची गई सृष्टि का रहस्य पाया जा सके। आधुनिक संदर्भ में हम इसे 'मास्टर की' कह सकते हैं। कई सेफ डिपॉजिट लॉकर केवल एक ही 'मास्टर की' से खुलते हैं, पर कोई-कोई सेफ डिपॉजिट लॉकर ऐसे होते हैं कि जिनमें एक अतिरिक्त चाबी की व्यवस्था की गई होती है। महाभारत में जिसे हम 'मास्टर की' कह सकते हैं, ऐसे दो श्लोक उपलब्ध हैं। इन दोनों को हम महाभारत का सावित्री मंत्र कह सकते हैं अथवा एक ही सावित्री मंत्र के दो भाग कह सकते हैं। आदिपर्व के पहले अध्याय में महर्षि व्यास महाभारत की रचना के लिए अपने उद्देश्य को स्पष्ट करते हुए ब्रह्मा से निवेदन करते हैं। (रामायण की रचना में भी सर्जक वाल्मीकि ब्रह्मा से ही अनुज्ञा प्राप्त करते हैं और महाभारत के सर्जक महामनीषी व्यास भी अपने सर्जन के विषय में सर्वप्रथम ब्रह्मा से ही अनुज्ञा माँगते हैं। इन दोनों महाग्रंथों के आरंभ में ही ब्रह्मा का यह योगदान ध्यान देने योग्य है।) व्यास कहते हैं कि मेरे इस महाकाव्य में वेदों, उपनिषदों, इतिहास, पुराण, भूत, वर्तमान और भविष्यकाल, जरा (वृद्धत्व), मृत्यु, भय, रोग आदि के उपरांत

ब्राह्मण, क्षत्रिय, वैश्य और शूद्र, इन चारों वर्णों का कर्तव्यविधान, तपस्या, ब्रह्मचर्य, पृथ्वी, चंद्रमा, सूर्य, ग्रह, नक्षत्र, तारे, सत्युग, त्रेतायुग, द्वापरयुग और कलियुग, इन सभी का समावेश किया गया है।

इसके उपरांत न्याय, शिक्षा, चिकित्सा, दान, तीर्थों, देशों, नदियों, पर्वतों और समुद्रों का इसमें वर्णन किया गया है। इस ग्रंथ में युद्ध, शांति, विज्ञान, लोक-व्यवहार, आयुर्वेद, स्थापत्य, उत्पत्ति और लय, इस संबंध में विचार किया गया है। महर्षि व्यास ने महाभारत की रचना के लिए अपने इन उद्देश्यों की सूची ब्रह्मा को दी है, उसमें कहीं भी किसी व्यक्ति-विशेष या घटना-विशेष की बात नहीं है। इसका अर्थ यह हुआ कि व्यास ने महाभारत में जो कथानक आख्यान, उपाख्यान कहे हैं, वे कथन उनके लिए साध्य नहीं बल्कि मात्र साधन ही हैं। कुरुवंशी कौरवों और पांडवों की बात महाभारत में केंद्रस्थान पर है, ऐसा अवश्य लगता है। श्रीकृष्ण या भीष्म महाभारत के कथानायक हों, ऐसा अवश्य लगता है। श्रीकृष्ण या भीष्प महाभारत के कथानायक हों, ऐसा मानने के लिए मन अवश्य ललचा जाता है, परंतु ग्रंथ के आरंभ में ही इसके रचयिता व्यास ने अपने उद्देश्य के विषय में जो स्पष्टता की है, उसे लक्ष्य में रखें तो तुरंत समझ में आ जाता है कि महाभारत किसी व्यक्ति की कथा नहीं है।

सावित्री मंत्र का यह पूर्व-भाग देखने के बाद उसके उत्तर भाग की भी जाँच कर लेते हैं। इस उत्तर-भाग को लक्ष्य में लिये बिना महाभारत का गंतव्य स्थान नहीं पाया जा सकता। सावित्री मंत्र का यह दूसरा भाग महाभारत के बिल्कुल अंत में स्वर्गारोहण पर्व के अंतिम अध्याय का 62वाँ और 63वाँ श्लोक है। इन श्लोकों में महर्षि व्यास अतिशय हताश होकर दोनों हाथ ऊँचा करके पुकार-पुकारकर कहते हैं कि मेरी बात कोई सुनता नहीं। महर्षि वेदना व्यक्त करते हैं कि धर्म सनातन है, और सुख-दुःख तो क्षणिक हैं और ऐसा होते हुए भी लोग धर्म का परिसेवन क्यों करते नहीं?

महाभारत के लगभग एक लाख जितने श्लोकों में इस सावित्री मंत्र के पाँच श्लोकों के पास महाभारत को समझने की 'मास्टर की' है। यह 'मास्टर की' यदि एक बार समझ में आ जाए तो फिर आदि और अंत के बीच फैले महासागर

समान इस ग्रंथ शिरोमणि के पास जाने का बार-बार मन हुए बिना रहेगा नहीं। सामान्य रूप से मानवसर्जित कोई भी कलाकृति अपने भोक्ता को सतत एक जैसा आनंद या संतोष नहीं दे सकती। विश्व साहित्य की कोई भी उत्तम कृति हो या फिर मानवरचित उत्तम कही जा सकें, ऐसे ताजमहल या फिर एफिल टॉवर हों, उत्तम शिल्प या चित्रकृतियाँ हों, ये सभी पहली बार हम संपर्क में आएँ, तभी आनंद देती हैं। यह आनंद उनके दूसरे या तीसरे संपर्क के समय घटता जाता है और इस तरह पुनः-पुनः इसका नाविन्य उनके उपभोक्ता के लिए घटता रहता है। एक क्षण ऐसा भी आ जाता है कि वह रचना या कलाकृति उस भोक्ता के मन में नितांत सहज (सामान्य) कृति बन जाती है। मानव सर्जन की यह मर्यादा है। प्राकृतिक रचनाओं को यह मर्यादा स्पर्श नहीं करती।

एक ही सूर्योदय या सूर्यास्त उसके भोक्ता को रोज-रोज नया-नया ही लगता है। समुद्र की लहरें, जो ज्वार-भाटे का निर्माण करती हैं, वे लहरें रोज-रोज एक ही होती हैं, फिर भी उनका दर्शन हर रोज नया ही लगता है। पूनम की चाँदनी का महत्त्व किसी दिन कम नहीं होता। मानव-रचित कृतियाँ हमें जो संतर्पक भाव देती हैं, वह सतह के ऊपर का आनंद है, इसलिए इस आनंद पर अर्थशास्त्र की घटती उपयोगिता का नियम लागू होता है। परंतु प्रकृति सर्जित रचनाओं से जो अनुभूति मिलती है, वह सतह के ऊपर का मजा नहीं, बल्कि गहराई में बहता आनंद का प्रवाह होता है।

महाभारत प्रकृति सृजित नहीं, मानवरचित है। तथापि ऊपर कहा वह मानव सृजित सर्जन नहीं बल्कि प्रकृतिरचित सर्जन का नियम लागू करना पड़ता है। यह एक अद्‌भुत और विस्मयकारी घटना है। महाभारत का सौंदर्य प्रकृतिरचित सौंदर्य है; क्योंकि इसके रचयिता ने किसी विशेष व्यक्ति, घटना या भाव को लक्ष्य में न रखते हुए समग्र मानव-जीवन को उसकी अखिलता (समग्रता) के साथ इस ग्रंथ में समाविष्ट कर लिया है। जिस प्रकार प्रत्येक व्यक्ति मूलभूत रूप से सदृश होते हुए भी विश्व के कोई भी दो व्यक्ति एक जैसे जनमे नहीं। इस विभिन्नता का रहस्य किसी भी सर्जक या भावक के लिए एक चुनौती बनी रही है।

महाभारत के विषय में जो लिखा जा चुका है और जो लिखा जा रहा है, उस सभी के मूल में यह चुनौती रही है। कोई भी सर्जक जब तक किसी चुनौती को स्वीकार नहीं करता, तब तक उसका सर्जन कर्म उथला ही रहता है। कोई भी भावक या भोक्ता इस चुनौती की दिशा में चेहरा नहीं घुमाता है तो उसका संवेदन कुंठित रहता है। इस प्रकार, सर्जक और भावक दोनों महाभारत के महासागर के पास बैठकर जो तृप्ति पाता है, वह तृप्ति अन्यत्र कहीं नहीं पाई जा सकती।

मनुष्य का चित्त अपंने उद्‌गमकाल से लेकर आज तक जो भी कर सकता है, जिन विषयों का स्पर्श कर सकता है, वे सभी महाभारतकार ने आलेखित किए हैं, और इसीलिए महाभारत में कहीं-न-कहीं प्रत्येक भावक को, स्वयं एकरूप हो गया है, ऐसा लगे बिना नहीं रहता। मनुष्य जिस स्थल पर अपने आपको अभिव्यक्त हुआ देखता है, उस स्थल के विषय में उसकी भावना सहज ही बदल जाती है। किंतु भावना के बिंदु तक पहुँचने के लिए संवेदनशील भावक होना पहली शर्त है।

गीता महाभारत का एक अंश है और महाभारत की रचना वेदों तथा उपनिषदों के काल के लंबे समय बाद हुई है। हिंदू धर्म, जिसे वैदिक काल में वैदिक धर्म का नाम दिया गया है, यह परंपरा महाभारत काल के पहले की है और इसके बावजूद महाभरत के अंश-स्वरूप 'भगवद्‌गीता' इस हिंदू धर्म का धर्मग्रंथ बन चुकी है। यह आश्चर्य उपजाए, ऐसी एक अबूझ पहेली है। जिस धर्म का मूल महाभारतकाल के पूर्व सैकड़ों और हजारों वर्ष तक फैला है, उस धर्म ने अपने प्रामाणिक धर्मग्रंथ के रूप में गीता को प्राप्त करने के पहले लंबी प्रतीक्षा की है।

रहस्य महाभारत के पास अपरंपार हैं। सौंदर्य इस प्रत्येक रहस्य के साथ जुड़े हुए हैं। रहस्यों को भेदना और सौंदर्यों को प्राप्त करना मानव चित्त की अविरत प्रक्रिया है। यह प्रक्रिया जब तक जारी है तब तक महाभारत मानवजाति के लिए एक अति मूल्यवान ग्रंथ बना रहेगा, इसमें कोई शंका नहीं।

□

2

नर, नरोत्तम, नारायण

महाभारत में सावित्री मंत्र जैसे जिन दो श्लोकों का हमने उल्लेख किया, उनमें से आरंभ के श्लोक में महाभारत में लेखक ने जिन विषयों की चर्चा की है, उनकी सूची दी है, परंतु इस सावित्री मंत्र का जो दूसरा श्लोक महाभारत के अंतिम अध्याय में दिया है, उसमें रचनाकार व्यास स्वयं हाथ ऊपर उठाकर आक्रोश करते हैं कि—मेरी बात कोई सुनता नहीं। इसका क्या ऐसा अर्थ लगाया जा सकता है कि महाभारतकार अपनी रचना के उद्देश्य में निष्फल सिद्ध हुए हैं? इसके साथ ही महाभारत की समग्र रचना का यदि एक ही उद्देश्य बताना हो तो वह कौन सा बताया जा सकता है?

महाभारत के आरंभ का जो सर्वप्रथम श्लोक है, उसे ध्यान में लिये बिना इस समग्र प्रक्रिया को नहीं समझा जा सकता है। महाभारत के विषय में कोई बात निश्चितता के साथ नहीं कही जा सकती। महाभारत में ऐसे अनगिनत प्रसंग और कथानक हैं कि जिन्हें 'दो धन दो बराबर चार' जैसी सरलता से मूल्यांकित नहीं किया जा सकता। परा और अपरा विद्या की बात करते हुए

उपनिषद्कार ने स्वयं वेदों को भी अपरा विद्या कहा है। वेद यदि ईश्वर कथित हैं तो ईश्वर के प्रमाणभूत वाक्य अपरा विद्या कैसे हो सकते हैं, ऐसा संशय मन में पैदा होता है। परंतु यह संशय तभी तक टिका रहता है, जब तक ब्रह्मविद्या शब्द समझ में न आया हो। ब्रह्मविद्या ही पराविद्या है और बाकी की तमाम विद्याएँ यदि इस ब्रह्म विद्या की दिशा में न ले जाती हों तो अपराविद्या है। इसी प्रकार महाभारत में भी अब तक संदर्भ और प्रबल रहस्य स्फुट नहीं होते, जब तक प्रसंगत: संशय पैदा होते ही हैं।

महाभारत का पहला श्लोक बहुत प्रसिद्ध है। इस श्लोक का पहला चरण इस प्रकार है—'नारायणं नमस्कृत्यं नरं चैव नरोत्तमम्', समग्र महाभारत की आधारशिला ये तीन शब्द हैं : नर, नरोत्तम और नारायण। प्रत्येक मानव की अभीप्सा और मनुष्य के पास से परमात्मा की अपेक्षा भी यही है कि नर से नारायण की ओर गति करे। इसे आप शिव में से प्रकट हुआ जीव पुन: शिव में मिल जाए, ऐसे एक वर्तुल की बात भी कर सकते हैं। जीव का आरंभ शिव से हुआ है और जीव का अंतिम गंतव्य स्थान भी शिव ही हो सकते हैं। 'नर' शब्द यहाँ पुरुषवाचक नहीं है। नर माने प्रत्येक मानव। फिर वह पुरुष हो या स्त्री! नर इस प्रक्रिया में सर्वप्रथम नरोत्तम बनने की दिशा में गति करे और अंतिम चरण में वह नारायण को प्राप्त करे, तभी यह वर्तुल पूरा होता है। इसी श्लोक का दूसरा चरण देवी सरस्वती का स्मरण करता है। नर की नरोत्तम और नारायण की दिशा में गति ज्ञान के बिना संभव नहीं। याद रहे कि भगवद्गीता में श्रीकृष्ण ने कर्मयोग और भक्तियोग, इन दोनों से ज्ञानयोग को ऊपर बताया है। यह ज्ञान देवी सरस्वती की कृपा के बिना संभव नहीं। याद रहे कि भगवतगीता में श्रीकृष्ण ने कर्मयोग और भक्तियोग, इन दोनों की अपेक्षा ज्ञानयोग श्रेष्ठ बताया है। यह ज्ञान देवी सरस्वती की कृपा के बिना प्राप्त नहीं होता और इसीलिए देवी सरस्वती की वंदना करके इस श्लोक का अंतिम चरण वे इस प्रकार पूर्ण करते हैं, 'ततो जयमुदीरेयत' (तभी जय-जयकार होती है)।

इसके बावजूद नर से नारायण की प्राप्ति तो बहुत कम ही होती है। अधिकतर लोग तो ईश्वर प्रदत्त अपनी नर प्रवृत्ति में भी नहीं जी पाते हैं और नर से भी

नीचे की श्रेणी में अपना संपूर्ण जीवन बिता देते हैं। अनेक व्यक्ति अपनी नर प्रकृति में ही जीवन व्यतीत करते हैं। बहुत थोड़े ही लोग नर से नरोत्तम होने की कोशिश करते हैं और मात्र दो-चार व्यक्ति ही ऐसे पुरुषार्थी होते हैं, जो नारायणत्व प्राप्त करते हैं। महाभारत इन सभी प्रकार के व्यक्तियों की कथा-सृष्टि है। ये पात्र, महाभारतकार ने आरंभ के सावित्री मंत्र में अपने जो उद्देश्य प्रकट किए हैं, उन्हीं उद्देश्यों से घिरे हुए जीते हैं। महाभारत में युद्ध है, वैर है, काम है, क्रोध है, ईर्ष्या है, प्रेम है, त्याग है, शांति है, अशांति है और यह सारा कुछ इस प्रकार परस्पर गड्डमड्ड होकर फैला है कि इनके अंत में जो निष्पन्न होता है, वह अतिशय रसप्रद हो उठता है। महाभारत के सबसे प्रमुख पात्र भीष्म का जीवन देखें या महाभारत के युग-प्रवर्तक पात्र श्रीकृष्ण का जीवन देखें, तो हम अभिभूत हुए बिना नहीं रहते। लेकिन जब उनके जीवन का अंत देखते हैं तो यह सोचने पर विवश हो जाते हैं कि ऐसे उदात्त जीवन का ऐसा दारुण अंत क्यों?

'धर्म की जय और पाप का क्षय' यह सूत्रवाक्य महाभारत में हमें बार-बार पढ़ने को मिलता है। परंतु महाभारत में क्या सचमुच धर्म की ही विजय हुई है? महाभारत में धर्म शब्द का प्रयोग बार-बार हुआ है। लगभग हर पात्र अपने हर एक कृत्य को धर्म का नाम लेकर उचित ठहराने का प्रयास करता है। हस्तिनापुर की द्यूतसभा में द्रौपदी को निर्वस्त्र किए जाने के कृत्य को भी कर्ण और दुर्योधन धर्म का सहारा लेकर न्यायोचित ठहराने का प्रयास करते हैं। भरी सभा में कुलवधू को इस तरह अपमानित करना अधर्म है, द्रौपदी के ऐसा कहने पर 'धर्मतत्त्व अत्यंत सूक्ष्म है', यह कहकर भीष्म लाचारी में अपने हाथ ऊपर उठा लेते हैं। परंतु विकर्ण उस समय कहता है, 'द्रौपदी के साथ अधर्म किया जा रहा है।' इस प्रकार इस घटना के संदर्भ में धर्म के ज्ञाता इन सभी पात्रों के अलग-अलग अभिमत हैं।

धर्म महाभारत का प्राणतत्त्व है। यह प्राणतत्त्व किसी निश्चित केंद्र में नहीं हो सकता। प्राण का वास तो संपूर्ण कलेवर और उसके सूक्ष्मातिसूक्ष्म अंश में समान रूप से व्याप्त रहता है। प्राण का अर्थ है चैतन्य और धर्म का भी

अर्थ चैतन्य ही है। धर्म के बिना चेतना नहीं हो सकती। मनुष्य जाति ने धर्म का आश्रय इसलिए लिया है कि मनुष्य को अपना गंतव्य स्थान हमेशा शांति की प्राप्ति ही लगा है। मनुष्य धर्म का अनुसरण इसलिए करता है कि उसे ऐसा लगता है कि धर्म के अनुसरण से ही उसे शांति मिलेगी। इस प्रकार धर्म एक साधन है और शांति साध्य है। यहाँ यह प्रश्न उठता है कि हर बात में धर्म का नाम लेने वाले इन सभी पात्रों को अंत में शांति प्राप्त हुई क्या? महाभारत में असंख्य पात्रों में से सभी ने धर्म का सही अनुसरण नहीं किया और इसीलिए वे परास्त हुए या अशांति पाए, ऐसा कहना सरल है। दुर्योधन, धृतराष्ट्र, शकुनि को हम खलनायक के रूप में देखते हैं, इसलिए उनके अंत के लिए यह अनुकूल अर्थघटन हम तत्काल स्वीकार कर लेते हैं कि वे धर्मनिष्ठ नहीं थे, इसलिए शांति प्राप्त नहीं कर सके और उनका दुःखद अंत हुआ, परंतु जिन्हें हम धर्मिष्ठ मानते हैं, ऐसे युधिष्ठिर और अन्य पांडव, द्रौपदी, विदुर, ये सभी पात्र भी शांति पाए क्या? युद्ध के अंत में विजेता हुए युधिष्ठिर तो अत्यंत व्यथित होकर आक्रोश भी करते हैं कि ऐसी विजय प्राप्त कर राज करने का क्या अर्थ है? वे स्वयं आत्महत्या करने के लिए भी तत्पर हो जाते हैं। इसके बाद के छत्तीस वर्षों तक उन्होंने राज्य तो किया, परंतु ये छत्तीस वर्ष उनके द्वारा कल्पना में सँजोए सुख या शांति के वर्ष नहीं रहे। छत्तीस वर्ष तक मन में उद्वेग, उचाट और अपराध-बोध का भार सँभालने के बाद पांडव स्वर्गारोहण करने के उद्देश्य से अपनी मृत्यु को गले लगाने के लिए जाते हैं। एक तरह से देखें तो यह आत्महत्या का ही एक प्रकार है।

आत्मविलोपन का विचार जीवन की निराशा में से ही उत्पन्न होता है। पांडव जो जीवन पिछले छत्तीस वर्ष से जी रहे थे, उसमें एकमात्र कृष्ण का प्रेरणाबल था। जैसे ही कृष्ण ने इस संसार से विदा ली, वैसे ही केंद्र विहीन पांडवों के लिए जीवन दुष्कर हो गया और उन्होंने स्वर्गारोहण का मार्ग अपनाया। विदुर जैसा समर्थ पुरुष अपने जीवन के अंतिम दिनों में अन्न, जल, वस्त्र, स्मृति, सबकुछ त्यागकर काष्ठ जैसा बनकर अरण्य में मृत्यु को प्राप्त हुआ। पुत्र की अपेक्षा धर्म की विजय बड़ी है, ऐसा माननेवाली और कहनेवाली

तथा पति को जो अलभ्य है, वह दृष्टि अपने लिए भी त्याज्य है, ऐसा जीवन जीनेवली सती गांधारी सदैव धर्मनिष्ठ रहकर पति तथा बड़ों की सेवा करनेवाली कुंती और प्रतापी राजा धृतराष्ट्र, ये सभी रण्य में दावानल के बीच जलकर भस्म हो गए। भीष्म ने अट्ठावन दिन तक शरशय्या पर सोए रहकर पुत्रों और प्रपौत्रों का संहार होते देखा। स्वयं श्रीकृष्ण ने भी अपनी ही आँखों से यादव कुल का विनाश देखा और वे स्वयं भी एक आदिवासी शिकारी के हाथ से पशु की भाँति तीर लगने से मारे गए।

यह समग्र घटनाचक्र मानो पाठक को यह मानने की दिशा में खींच ले जाता है कि जीवन व्यर्थ है। जीवन में भवितव्य निश्चित है। महाकाल की अपनी स्वतंत्र गति होती है और यह महाकाल अपने प्रवाह के बीच जीनेवाले किसी पात्र को किसी भी निश्चित दृष्टि या विभावना से मूल्यांकित नहीं करता है। पश्चिम के कई विचारक, जिसे Absurd कहते हैं, वैसा ही यह जीवन है। इसमें कोई हेतु नहीं। जन्म और मृत्यु, इन दो बिंदुओं के बीच हमें जो वर्ष मिले हैं, वे वर्ष हम जी कर निकाल देने वाले हैं, पर जीवन की गति हम निश्चित नहीं कर सकते। उसका निश्चय तो महाकाल ने ही करके रखा होता है, और यह अंत किसी को उसके निश्चित कर्मों के आधार पर निश्चित प्रकार से प्राप्त होता है, ऐसा नहीं कहा जा सकता है। अंत का संबंध है, वहाँ तक तो महाकाल मानो ऐसा संकेत देता है कि जीवन व्यर्थ है और मृत्यु ही सार्थक है। यह मृत्यु कर्म के अनुसार नहीं बल्कि महाकाल की एकवाक्यता के अनुसार प्राप्त होती है। इसमें जाँघ टूट जाने के कारण लहूलुहान होकर कुत्ते-बिल्ली की तरह तड़पता दुर्योधन हो, जंगल में भड़कती अग्नि में लाचार होकर जल रहे धृतराष्ट्र, गांधारी और कुंती हों, या फिर स्वर्गारोहण के नाम पर आत्म-विलोपन कर रहे पांडव हों या अनजाने पारधि के हाथों शिकार हो जानेवाले युगपुरुष श्रीकृष्ण हों, इन सभी के प्रति महाकाल एक समान ही तटस्थ और निर्मम है।

महर्षि व्यास इस विराट् कथानक में मानो जीवन की विषमता की बात हमें बता रहे हैं। धर्म के अनुसरण से सबकुछ प्राप्त होता है, यह कहकर

रचनाकार जो व्यथा व्यक्त करता है, वह यह है कि ऐसा होने पर भी मानव धर्म का अनुसरण नहीं करता। जीवन की निष्फलता तो है ही, पर इस निष्फलता को भी संतोष व शांतिपूर्वक स्वीकारना हो तो धर्म का अनुसरण ही एक मात्र मार्ग है। विदुर, युधिष्ठिर, भीष्म या कृष्ण, इनका भी अंत तो महाकाल के हाथों निर्ममता से ही आया है, पर यह अंत इन पात्रों को सहज लगा है। अंत को प्राप्त करने के समय वे व्याकुल नहीं हुए। उन्होंने चीत्कार नहीं किया। यह व्यर्थता समझ गए हों, इस तरह उन्होंने शांति से अपने अस्तित्व का विघटन कर डाला है। जो धर्म का अनुसरण करने में निष्फल हो गए या सिद्ध हुए, ऐसे पात्र दुर्योधन, अश्वत्थामा या धृतराष्ट्र इन सभी ने अशांत चित्त से जीवन का अंत प्राप्त किया। इस प्रकार महाभारतकार ने अपने उद्देश्य की एक तरह से पूर्ति ही की है, पर मनुष्य इस रहस्य को प्राप्त नहीं कर सकता है, यह उसकी समझने की शक्ति की मर्यादा है।

□

3

अर्जुन की आत्महत्या और युधिष्ठिर का वध

महाभारत में भीष्म की प्रतिज्ञा, कर्ण का औदार्य, युधिष्ठिर की क्षमाभावना, विदुर की ज्ञानचर्चा, ये सभी कथानक व्यावहारिक जीवन से दूर लगते हैं। वास्तविक जीवन में प्रत्यक्ष प्रमाण मिले और जिसका स्वीकार जीवन को बेहतर बनाने में हो सके, ऐसा कोई विशिष्ट कथानक आज के संदर्भ में उद्धृत किया जा सकता है क्या?

महाभारत के विषय में जब भी विचार किया जाता है तो हमारे कथाकारों ने हमसे सतत एक बात कही है कि महाभारत के कथानक और उसके पात्र दर्शनीय हैं, परंतु अनुकरणीय नहीं हैं। इसके विपरीत रामायण के विषय में जब भी विचार होता है तो ये सभी एक ही स्वर में कोरस में बोल उठते हैं कि रामायण के कथानक और पात्र अनुसरणीय हैं। राम की पितृभक्ति, सीता की पतिपरायणता लक्ष्मण या भरत का भ्रातृप्रेम, हनुमान का सेवाकर्म, ये सभी पहली नजर में ही सरल लगते हैं। इन सभी पात्रों में जो गुण कवि ने निरूपित किए हैं, उनमें एकवाक्यता भी है। इसके विपरीत महाभारत में जो कथानक और पात्र हैं, उनमें स्पष्ट रूप से बार-बार विसंवाद दिखाई देते हैं। भीष्म की

पितृभक्ति राम की पितृभक्ति की अपेक्षा अधिक उदात्त है। परंतु राम की पितृभक्ति अनुसरण हो सके अथवा अनुसरण करने के लिए उद्धृत कर सके, ऐसी सरल है और व्यावहारिक भी है, जबकि भीष्म की पितृभक्ति अनुसरण करने के लिए उद्धृत की जा सके, ऐसी व्यावहारिक नहीं लगती। इसी प्रकार कर्ण का औदार्य; युधिष्ठिर की क्षमाभावना या द्रौपदी का पत्नीधर्म, ये सभी ऐसे संकुल कथानकों के साथ प्रकट हुए हैं कि उनका अनुसरण करने के लिए इस घटनाक्रम का मर्म समझना पड़ता है। कृष्ण इन सभी में सर्वोच्च स्थान पर हैं। उनके जीवन में स्पष्टत: अपार विसंवाद है और ऐसा होने पर भी कृष्ण एक ऐसे पात्र हैं कि जिनमें वाणी वर्तन की चाबी यदि हल की जा सके तो हमारे अनेक प्रश्न आज के संदर्भ में भी समझे जा सकते हैं। महायुद्ध के सत्रहवें दिन महारथी कर्ण जब कौरव सेना के सेनापति थे, उस समय जो घटना घटित हुई है, उस घटना को अपूर्व कहा जा सकता है। कर्ण ने युद्ध के आरंभ में माता कुंती को वचन दिया था कि वह अर्जुन को छोड़कर किसी पांडव का वध नहीं करेगा। इसी प्रकार यदि अर्जुन उसके हाथों युद्ध में मारा जाएगा तो कर्ण कुंतीपुत्र के रूप में पाँचवाँ पांडव रहेगा और यदि स्वयं कर्ण का ही अर्जुन के हाथों वध हो गया तो भी कुंती पाँच पांडवों की माता के रूप में यथावत् रहेगी। युद्ध के सत्रहवें दिन कर्ण के हाथ में युधिष्ठिर फँस गए। कर्ण ने युधिष्ठिर को पराजित किया। इतना ही नहीं, यदि चाहता तो इस पराजय के क्षण में वह युधिष्ठिर का वध कर सकता था और यदि ऐसा हुआ होता तो महाभारत का युद्ध समाप्त हो गया होता, कौरव पक्ष विजयी हो गया होता और कृष्ण की उपस्थिति होने के बावजूद पांडव पक्ष छिन्न-भिन्न हो गया होता।

परंतु कर्ण ने अपनी विजय के मूल्य पर भी जननी कुंती को दिया अपना वचन निभाया। उसने अपमानित युधिष्ठिर को सुरक्षित जाने दिया। आहत और अपमान के कारण रोष में भरा यह ज्येष्ठ पांडव अपने शिविर में वापस लौटा। बड़े भाई कर्ण के साथ युद्ध कर रहे थे और फिर अचानक रणक्षेत्र से चले गए, इस बात से चिंतित होकर अर्जुन ने अपना रथ युधिष्ठिर के शिविर की ओर लिया। क्रोध और पीड़ा से प्रमाणभान चूके युधिष्ठिर ने अर्जुन को

कठोर वचन सुनाए। युधिष्ठिर ने कहा, ''हे अर्जुन, मुझे तो ऐसा लगा कि तुम कर्ण का वध करके ही यह शुभ समाचार देने के लिए आए होगे। इसके बदले अकेले भीम को लड़ता छोड़कर मेरे पीछे यहाँ तुम दौड़े आए, इसलिए ऐसा लगता है कि तुम कर्ण से भयभीत हो गए हो। तुम तो कहते थे कि कर्ण का वध तुम तुरंत ही कर सकोगे, पर ऐसा लगता है कि तुम कर्ण के समकक्ष के योद्धा नहीं हो। तुमने केवल शेखी ही बघारी थी। धिक्कार है तुम्हारी शस्त्रविधा को और धिक्कार है तुम्हारे गांडीव धनुष को!''

यह सुनकर अर्जुन म्यान में से तलवार खींचकर बड़े भाई का वध करने के लिए झपट पड़ते हैं। इस क्षण कृष्ण उनसे इसका कारण पृछते हैं। जवाब में अर्जुन ने कहा कि उनके गांडीव धनुष की जो कोई निंदा करेगा, उसका वध करने की उन्होंने प्रतिज्ञा ली है।

यह एक अत्यंत नाजुक क्षण था। प्रचंड धर्मसंकट पैदा हुआ था। महाभारत के अधिसंख्य पात्र बात-बात में प्रतिज्ञाबद्ध होते रहे हैं और फिर इस प्रतिज्ञा का पालन करने के लिए नई-नई घटनाएँ सर्जित होती रही हैं। कर्ण ने युधिष्ठिर का वध न करके कौरवों को विजय से वंचित रखा था। अब इस क्षण यदि अर्जुन युधिष्ठिर का वध करे तो विजयश्री एक बार फिर कौरवों के भाग में चली जाएगी। इस प्रकार जो काम कर्ण ने नहीं किया, वह काम करने के लिए अर्जुन उद्यत हुए थे। हर व्यक्ति के जीवन में ऐसे धर्मसंकट आते ही हैं। अर्जुन के जीवन का यह बहुत बड़ा संकट था।

कृष्ण ने इस धर्मसंकट का व्यावहारिक हल सुझाया है। उन्होंने अर्जुन को कहा, ''हे अर्जुन, धर्म और सत्य का पालन उत्तम है, किंतु इस तत्त्व के आचरण का यथार्थ स्वरूप जानना अत्यंत कठिन है। असत्य भी सत्य बन जाता है। आचरण में लाया गया एक सत्य उसके इस स्वरूप में अन्य संयोगों में भी जो आचरित करता है, वह सत्य के सूक्ष्म स्वरूप को नहीं जानता'', यह कहकर कृष्ण ने अर्जुन से कहा, ''साधु पुरुष या वरिष्ठ व्यक्ति को 'तू' कहकर अपमानित करना, उसका वध करने के समान ही है। फिर युधिष्ठिर तो तुम्हारे बड़े भाई हैं, इसलिए पितातुल्य हैं। इस पितृतुल्य बड़े भाई को तुमने सदैव मान दिया है।

आज अब तुम उन्हें तूकार के साथ संबोधित करके कठोर वचन कहो, इसलिए यह उनका वध हुआ ही कहा जाएगा।'' कृष्ण के इस सुझाव के अनुसार अर्जुन ने युधिष्ठिर को अपमानित किया और पांडवों के आज तक के तमाम दु:खों और द्रौपदी के अपमान के लिए युधिष्ठिर के द्यूतप्रेम को जिम्मेदार ठहराते हुए कहा कि अन्य पांडव जब कष्ट सहन कर रहे थे तो बड़े भाई द्रौपदी की शय्या पर बैठे हुए थे, ऐसे अतिशय कठोर शब्दों का प्रयोग किया।

एक संकट तो कृष्ण ने अपनी व्यावहारिक सूझ-बूझ से दूर कर दिया और युधिष्ठिर का वध हो, ऐसी नाजुक परिस्थिति धर्मसंगत ढंग से हल्की की, लेकिन बड़े भाई को कठोर वचन कहकर, उनका अपमान करना पितृहत्या के समान बताया जाता है। ऐसे धर्म का सहारा लेकर अर्जुन ने कहा कि मैं पितृहंता सिद्ध हुआ हूँ और इस पाप से मुक्त होने के लिए अब मैं स्वयं अग्निप्रवेश करके आत्महत्या करूँगा।

फिर एक बार धर्मसंकट पैदा हो चुका था। अर्जुन ने आत्महत्या करने का जो निश्चय किया, वह धर्मसंगत ही था, क्योंकि पितृवध के पाप की मुक्ति अग्निप्रवेश से ही मिलती है, ऐसा शास्त्रोक्त कथन है। परंतु अब इस धर्म के अनुसार अर्जुन अग्निप्रवेश करके आत्महत्या करे तो फिर एक बार युद्ध निरर्थक हो जाएगा और कौरवों की विजय निश्चित हो जाएगी।

इस क्षण कृष्ण शास्त्रों और धर्म का अनुसरण करके ही उसका निराकरण करते हैं। कृष्ण ने कहा, ''अर्जुन, मैंने तुमसे पहले ही कहा कि धर्म का स्वरूप बहुत ही सूक्ष्म है, इसलिए इसे इस तरह ऊपर-ऊपर से नहीं समझा जा सकता है। पितृहत्या के पाप की मुक्ति यदि आत्महत्या हो तो यह आत्महत्या कोई अग्निप्रवेश से ही हो, ऐसा नहीं। धर्म को जाननेवाले समर्थ पुरुष कह गए हैं कि आत्मश्लाघा (आत्मप्रशंसा) आत्महत्या का ही एक रूप है, अत: अब तुम अपनी स्वयं की प्रशंसा करके आत्मश्लाघा द्वारा आत्महत्या करके इस पितृहत्या के पाप से मुक्ति प्राप्त कर लो।''

कृष्ण द्वारा सुझाए इस व्यावहारिक निराकरण को फिर एक बार अर्जुन ने स्वीकार किया। उसने स्वयं ही अपनी प्रशंसा करते हुए कहा कि भगवान्

शंकर के सिवा मेरा प्रतिकार कर सके, ऐसा कोई योद्धा इस पृथ्वी पर नहीं है। मेरी शक्ति के कारण ही राजसूय यज्ञ हो सका था। मैं तीनों लोकों का विनाश कर सकूँ, इतना शक्तिशाली हूँ।

इस प्रकार अर्जुन ने गांडीव की निंदा करनेवाले का वध करने की अपनी प्रतिज्ञा का पालन किया और उसके साथ ही पितृहत्या के पाप से मुक्ति भी पाई। इस धर्मसंकट में से उसे जो मुक्ति मिली, वह कृष्ण की सूक्ष्मातिसूक्ष्म, पर व्यावहारिक धर्मबुद्धि की आभारी है। सत्य किसे कहते हैं? धर्म क्या है? ये प्रश्न मात्र ज्ञानियों के लिए चर्चा या विवाद के ही मुद्दे नहीं हैं, बल्कि उन्हें यदि सही परिप्रेक्ष्य में समझा जाए तो व्यावहारिक जीवन की समस्याएँ भी हल की जा सकती हैं।

जैसा इस घटना के लिए कहा जा सकता है, वैसा ही अन्य कथानकों के लिए भी समझा जा सकता है। भीष्म की प्रतिज्ञा अतिशय दुष्कर है, इसीलिए वे भीष्म बने हैं। अपने शरीर पर से कवच-कुंडल उतारकर भिक्षा माँगने आए ब्राह्मण को दान कर देने से मेरी पराजय होगी, यह जानते हुए भी कर्ण द्वारा प्रदर्शित औदार्य और चित्रांगद गंधर्व के हाथों बंदी हुए दुर्योधन को मुक्त करवाने की युधिष्ठिर की क्षमाभावना निश्चित ही व्यावहारिक जीवन में उतारना कठिन लगे, ऐसे कथानक हैं। परंतु जिस तरह युद्ध के सत्रहवें दिन अर्जुन और युधिष्ठिर के बीच उत्पन्न हुई समस्या कृष्ण ने धर्म का आसरा लेकर ही हल कर दी, उसी तरह भीष्म की प्रतिज्ञा, कृष्ण का औदार्य या युधिष्ठिर की क्षमाभावना को भी उनकी मूल भावना को समझ लें तो उन पर आचरण करना भले कठिन हो, असंभव नहीं। इन कथानकों को, ये जिस प्रकार कहे गए हैं, उसी प्रकार उनके शब्दों से चिपटे रहकर देखने से उन्हें नहीं समझा जा सकता है। उन्हें समझने के लिए किंचित् भिन्न प्रकार की दृष्टि अपनानी पड़ेगी। एक बार यदि यह दृष्टि प्राप्त हो जाए तो रामायण की ही तरह महाभारत के कथानक और पात्र भी समझे जा सकें, ऐसे रसप्रद और आत्मीय लगने लगेंगे।

□

4

ब्रह्मास्त्रवाले अश्वत्थामाओं के बीच खोज संयमी अर्जुनों की!

दो-दो विश्वयुद्धों के महाविनाश के बाद भी आज के विश्व में एक भी दिन ऐसा नहीं गया, जब कोई-न-कोई सशस्त्र संघर्ष जारी न हो। मानवजाति पाँच-पच्चीस बार एक-दूसरे का संपूर्ण नाश कर सके, इतने और ऐसे शस्त्र विश्व की महाशक्तियों ने एकत्र किए हैं। शस्त्रों से कोई समस्या स्थायी रूप से हल नहीं हो सकती। इस पूर्वभूमि का संपूर्ण ज्ञान होने के बावजूद मानव शस्त्रों की इस दौड़ से बाज नहीं आया। उसकी इस अंधी शस्त्रश्रद्धा को रोक सके और उचित मार्गदर्शन मिल सके, ऐसा कोई कथानक महाभारत से उद्धृत कर सकेंगे?

महाभारत एक तरह से देखें तो समांतर चलती अनेक भावनाओं और कथानकों का घटाटोप है। काम, मोक्ष, धर्म, असूया, इस प्रकार विविध भावों की बात महाभारत हमें समय-समय पर अपने अलग-अलग कथानकों द्वारा सूचित करता है। इन सूचनाओं को एक साथ, एक ही संदर्भ में देखने के लिए महाभारत के सातत्य को नजर के सामने रखना पड़ेगा।

हस्तिनापुर में आचार्य द्रोण धृतराष्ट्र–पुत्रों और पांडु–पुत्रों के गुरु के रूप में उन्हें धनुर्विद्या सिखा रहे थे, उस समय उनके इस शिष्यवृंद में कर्ण और अश्वत्थामा भी थे। आचार्य द्रोण के मन में अर्जुन सर्वश्रेष्ठ धनुर्धारी बना रहे और इसके मार्ग में कोई प्रतिस्पर्धी न रहे, ऐसी द्रोण की इच्छा थी। फलस्वरूप आचार्य ने एकलव्य का अँगूठा गुरुदक्षिणा के रूप में माँगकर अर्जुन को निर्भय किया था। कर्ण अर्जुन के समकक्ष योद्धा बन सके, ऐसी पूरी संभावना थी, इसलिए गुरु द्रोण अर्जुन को अलग से कई गुप्त विद्याएँ सिखा रहे थे।

आचार्य को जैसी अर्जुन के लिए प्रीति थी, वैसी ही प्रीति अपने पुत्र अश्वत्थामा के लिए भी थी। आचार्य कई बार पुत्र अश्वत्थामा को भी अन्य शिष्यों से गुप्त रख–कर शस्त्र विद्या के कई मंत्र सिखा देते थे। तथापि आचार्य ने 'ब्रह्मास्त्र' नामक अमोघ शस्त्र मात्र अर्जुन को ही सिखाया था। धनुर्विद्या के क्षेत्र में इस ब्रह्मास्त्र की विद्या अंतिम विद्या मानी जाती है। रावण का वध राम ने ब्रह्मास्त्र से ही किया था। इस ब्रह्मास्त्र का प्रयोग भी कुछ निश्चित शर्तों के साथ और निश्चित परिस्थितियों में ही हो सकता था। राम ब्रह्मास्त्र का प्रयोग करना जानते थे, फिर भी इस ब्रह्मास्त्र का प्रयोग उन्होंने रावण के साथ लंबे समय तक युद्ध करने के बाद अंत में ही किया था।

जब अन्य कोई उपाय शेष बचा ही न हो तो अंतिम शस्त्र के रूप में ब्रह्मास्त्र का प्रयोग किया जा सकता है। रावण ब्रह्मास्त्र जैसे प्रचंड शस्त्र के बिना नहीं मारा जा सकेगा, यह निश्चित रूप से जानते हुए भी राम इस शस्त्र का प्रयोग प्रारंभ में कहीं नहीं करते हैं।

अश्वत्थामा को जब पता चला कि पिता ने ब्रह्मास्त्र की यह विद्या अपने प्रिय शिष्य अर्जुन को सिखाई है और उसे नहीं सिखाई तो उसने रोषपूर्वक पिता से यह विद्या स्वयं को सिखाने की माँग की। आचार्य द्रोण पुत्र–प्रेम से घिरे थे, यह सही था, परंतु उनका यह स्नेह अभी तक राजा धृतराष्ट्र के पुत्रमोह जितना अंधा नहीं बना था। पिता ने पुत्र से कहा कि यह विद्या ऐसे हाथ में ही सौंपी जा सकती है, जो हाथ मात्र अधर्म के विरुद्ध लड़ने में और आक्रमण के लिए नहीं बल्कि आत्मरक्षा के लिए ही इसका विनियोग करे।

इस शस्त्र का उपयोग मात्र विजय प्राप्त करने के लिए नहीं बल्कि धर्म की स्थापना के लिए ही हो सकता है। इस शस्त्र का उपयोग मात्र प्रतिस्पर्धी योद्धा के विरुद्ध ही किया जा सकता है और उसका शमन भी किया जा सकता है। इसके शमन के लिए क्रोधरहित होना अनिवार्य शर्त है। पिता अपने पुत्र का क्रोधी और जिद्दी स्वभाव भलीभाँति जानते थे और इसीलिए यह प्रचंड शस्त्र उसके हाथ में सौंपने से झिझक रहे थे। परंतु पुत्र ने पिता के समक्ष हठ किया और पुत्रमोह से प्रेरित होकर पिता ने पुत्र को यह विद्या सिखाई भी।

कुरुक्षेत्र के महायुद्ध में अर्जुन पांडवपक्ष में थे और अश्वत्थामा कौरवपक्ष में था। अठारह दिन के महासंहार के बाद युद्ध समाप्त हुआ तो कौरवपक्ष में तीन योद्धा बचे थे। इन तीन योद्धाओं में अश्वत्थामा भी एक था। अठारहवें दिन की रात में उसने विजयी पांडवों के शिविर में घुसकर गहरी नींद में सोए पाँच द्रौपदी पुत्रों और छठवें द्रौपदीभ्राता धृष्टद्युम्न की हत्या कर दी। इसके बाद की कथा जानी हुई है। हत्यारे अश्वत्थामा को पकड़कर लाने के लिए अथवा उसका वध करने के लिए अर्जुन उसके पीछे दौड़े तो अर्जुन के हाथ से बचने के लिए अश्वत्थामा ने पिता द्रोणाचार्य द्वारा सिखाई हुई उस ब्रह्मास्त्र की अमोघ विद्या का प्रयोग किया। विद्या प्राप्ति के पूर्व की जो पूर्वशर्त थी, उसका यह खुला उल्लंघन था। ब्रह्मास्त्र के प्रयोग के लिए क्रोधरहित होना जितना अनिवार्य था, उतना ही अनिवार्य निर्भय होना भी था। यहाँ 'क्रोध' शब्द का अर्थ समझ लेना चाहिए। जब व्यक्तिगत स्वार्थ या हित की आड़ में क्रोध आ रहा हो तो हताशा में जो रोष प्रकट होता है तो वह क्रोध है, परंतु समष्टि के हित के सामने कोई अवरोध उपस्थित करता हो तो ऐसे विघ्नों के विरुद्ध वीर पुरुष के मन में जो क्रोध प्रकट होता है, उसे हमारे शास्त्रकारों ने क्रोध नहीं 'मन्यु' कहा है। राम ने जब रावण का वध करने के लिए ब्रह्मास्त्र का प्रयोग किया था तो उनके चित्त में 'मन्यु' व्याप्त था। यहाँ महाभारत में अश्वत्थामा ने जब ब्रह्मास्त्र का प्रयोग किया, उस समय वह प्राण बचाने की हताशा से क्रोधित हुआ था; इतना ही नहीं, अभी अर्जुन के साथ उसकी भेंट भी नहीं हई थी कि युद्ध के आरंभ में एकपक्षी रूप से उसने ब्रह्मास्त्र का प्रयोग किया।

अश्वत्थामा के ब्रह्मास्त्र का निवारण करने के लिए अर्जुन ने प्रत्युत्तर में ब्रह्मास्त्र छोड़ा। इन दोनों ब्रह्मास्त्रों के बीच यदि अंतरिक्ष में संघर्ष होता तो समग्र सृष्टि और चराचर जीवों का नाश होने की संभावना थी। महर्षि व्यास और देवर्षि नारद उस क्षण इस संभावना से विश्व को उबार लेने के लिए अर्जुन को सूचित करते हैं कि वे अपने ब्रह्मास्त्र का शमन कर लें और शस्त्र को विश्वकल्याण हेतु वापस खींच लें। अर्जुन तो तत्काल इस सुझाव से सहमत होकर अपने ब्रह्मास्त्र को शांत कर देते हैं, पर अश्वत्थामा ऐसा नहीं कर पाता है। वह अपनी विवशता प्रकट करता है और पांडवों के नाश के लिए छोड़ा गया यह ब्रह्मास्त्र, अंत में समग्र कुरुवंश के एकमात्र बचे वंशज समान उत्तरा के गर्भ से, जिसका अभी जन्म भी नहीं हुआ था, ऐसे गर्भस्थ शिशु परीक्षित का ध्वंस कर डालता है। इस प्रकार कुरुकुल का पांडवों के जीवित होते हुए भी एक तरह से नाश हुआ ही कहा जा सकता है।

पांडवों के सौभाग्य से कृष्ण जैसी परम विभूति वहाँ उपस्थित थी और कृष्णत्व के संस्पर्श से इस नष्ट हुए गर्भस्थ शिशु को पुनर्जीवन मिला।

एक तरह से देखें तो संपूर्ण महाभारत शस्त्रों की दौड़ की ही एक स्पर्धा है। आचार्य द्रोण के पास से शस्त्र संपादन करने के बाद कर्ण ने और अधिक शस्त्र प्राप्त करने के लिए परशुराम का शिष्यत्व स्वीकार किया। दुर्योधन ने बलराम से गदायुद्ध में प्रवीणता प्राप्त की। अर्जुन ने अरण्यवास के दौरान भगवान् शंकर से पाशुपातास्त्र प्राप्त किया। इस प्रकार समग्र रूप से शस्त्रों की यह दौड़ अविरत चलती रही है। जो शस्त्र समर्थ और समझदार हाथों में दिए गए, वे शस्त्र हर स्थिति में धर्मयुद्ध के लिए आग्रही रहे। भीष्म, द्रोण या कर्ण प्रचंड योद्धा थे और अभिमन्यु के वध जैसे इक्के-दुक्के प्रसंग छोड़ दें तो दुर्योधन के अधर्मपक्ष में रहकर लड़ते हुए भी इन योद्धाओं ने अपने शस्त्रों का धर्म निषिद्ध उपयोग कहीं नहीं किया।

और ऐसा होते हुए भी इस प्रचंड शस्त्र-दौड़ के अंत में विजेता पांडवों के भी महामनीषी व्यास ने जो रुदन कराया है, शस्त्र किसी समस्या को स्थायी रूप से हल नहीं कर सकते, इसका ही यह प्रमाण है। शस्त्र अयोग्य हाथों में

जा पड़ें तो कैसा परिणाम आ सकता है, इसका दिशासूचन महाभारतकार ने अश्वत्थामा के ब्रह्मास्त्र प्रयोग से किया है। आज के जगत् में शस्त्रों की जो दौड़ चल रही है, उसमें सभी कोई भीष्म या अर्जुन जैसे नहीं जनमेंगे। अर्जुन के ब्रह्मास्त्र को रोकने के लिए उस क्षण तो महर्षि व्यास और देवर्षि नारद उपस्थित थे; इतना ही नहीं अश्वत्थामा के ब्रह्मास्त्र से समग्र कुरुवंश को नष्ट होने से रोकने के लिए श्रीकृष्ण जैसे महापुरुष भी थे। आज विश्व में अश्वत्थामा तो पर्याप्त संख्या में उपलब्ध हैं, पर व्यास, नारद या कृष्ण कहीं भी दृष्टिगोचर नहीं हो रहे हैं, और इसीलिए शस्त्रों की आधुनिक दौड़ महाभारत काल की शस्त्र-स्पर्धा से कहीं अधिक विकराल और विनाशक है।

परस्पर संहार का तत्त्व मनुष्य ने आदिकाल से पाला-पोसा है। सचराचर सृष्टि में कोई जीव कभी हिंसा को पोसे बिना टिक नहीं सकता और इसके बावजूद अहिंसा से ऊँचा कोई आदर्श नहीं। हिंसा जब तक जीवसृष्टि के अस्तित्व के लिए अनिवार्य है, तब तक शस्त्रों की दौड़ थमनेवाली नहीं है और प्रत्येक युग में श्रीकृष्ण, महर्षि व्यास या देवर्षि नारद की हम अपेक्षा भी नहीं कर सकते। ऐसी स्थिति में मानवजाति को महाभारत से जो सीखना है, वह इतना ही है कि अर्जुन की समझदारी और उनकी अक्रोध अवस्था हमें प्राप्त हो।

□

5
तुलसी पौधे और सुगंध

सामान्यतः ऐसा कहा जाता है कि रामायण पारिवारिक जीवन की कथा है और महाभारत पारिवारिक द्वेष की कथा है। पारिवारिक जीवन कैसा होना चाहिए, रामायण इसका आदर्श प्रस्तुत करती है और यह जीवन कैसा नहीं होना चाहिए, महाभारत इसकी कथा कहता है। क्या यह सत्य है कि महाभारत में पारिवारिक जीवन और विशेष रूप से दांपत्य जीवन के आदर्श के लिए पर्याप्त प्रमाण नहीं मिलते? पारिवारिक जीवन के जो ताने-बाने हैं, उनमें किस प्रकार के पारस्परिक संबंध होने चाहिए, इस संबंध में महाभारत क्या कोई मार्गदर्शन आज के संदर्भ में देता है?

रामायण में जो पारिवारिक जीवन है, वह प्राय: एकसूत्री और सरल है। इसके अनेक पात्र आदर्श जीवन जीते हैं तो उसमें ऐसे भी कुछ पात्र हैं कि जिनका जीवन इस आदर्श से एकदम भिन्न है। भाई का आदर्श लक्ष्मण या भरत के जीवन से प्राप्त किया जा सकता है तो उसके साथ ही सुग्रीव या विभीषण का इस विपरीत आचरण भी आँखों के सामने ही है। राम के एक पत्नित्व के आदर्श के विपरीत राजा दशरथ की तीन सौ रानियों (तीन नहीं,

बल्कि तीन सौ) से भरा अंत:पुर भी है। रामायण के ये पात्र अपने आदर्श के विषय में थोड़ी भी चर्चा नहीं करते हैं। इसके विपरीत महाभारत के पात्रों के जीवन से हमें इन पारस्परिक संबंधों की आदर्श स्थिति क्या होनी चाहिए, इस विषय में समय-समय पर भरपूर चर्चाएँ पढ़ने को मिलती हैं।

महाभारत के रचयिता महर्षि व्यास के अनुसार संयुक्त परिवार बहुधा स्वागत योग्य है। द्रौपदी विराट् पर्व में कृष्ण से कहती है—हे केशव, इतने-इतने भाइयों, श्वसुरों और पुत्रों के होते हुए भी मैं दु:ख भोग रही हूँ! लड़कियों की शिक्षा के विषय में द्रौपदी की शिक्षा के लिए राजा द्रुपद ने विशेष आचार्य की नियुक्ति की थी, ऐसा उल्लेख मिलता है। पति का चुनाव करने का अधिकार बहुधा कन्या को रहा हो, ऐसा लगता है। द्रौपदी ने स्वयंवर में पति प्राप्त किया था और अंबा ने भी शाल्व को मन-ही-मन पसंद किया था। शकुंतला ने राजा दुष्यंत के साथ पिता की अनुपस्थिति में गंधर्व विवाह किया था। उससे यह संकेत मिलता है कि स्त्रियों को अपने साथी चुनाव करने का पूरा अधिकार था। इसके साथ ही पिता या भ्राता को भी कन्या के विवाह के लिए उत्तरदायी ठहराया गया है। जो पिता अपनी पुत्री का विवाह उसके स्त्रीधर्म में आने के बाद तीन वर्ष तक नहीं करता, उस कन्या को स्वेच्छया विवाह कर लेने का अधिकार महाभारतकार ने दिया है।

सास-ससुर का स्थान ऊँचा है; यह बात बार-बार दृष्टि में आती है। अनुशासन पर्व में भीष्म ने स्त्री के लिए 'श्वश्रुः श्वशुरवर्तिनी' शब्द का प्रयोग किया है। इसका अर्थ है कि पारिवारिक जीवन में बहू द्वारा सास और ससुर का अनुसरण करना आदर्श माना गया है। अरण्यवास में अर्जुन जब पाशुपतास्त्र पाने के लिए हिमालय जाते हैं तो उस समय उसे विदा करते हुए द्रौपदी ने कहा है—'हे धनंजय, आपके जन्म के समय माता कुंती ने आप से जो अपेक्षाएँ रखी थीं, वे सभी आपको प्राप्त हों।' इसका अर्थ यह हुआ कि संयुक्त परिवार में बहू भी पति से ऐसी ही अपेक्षा रखती थी कि पति का जीवन उसकी जनेता की अपेक्षानुसार हो। पितामह भीष्म जब शरशय्या पर मृत्यु की प्रतीक्षा कर रहे थे, उस समय कुरुकुल की 'स्नुषाएँ' उन्हें पंखों से हवा डुला रही थीं। इसमें मात्र बहू के ही सास या ससुर के प्रति के कर्तव्य की

बात नहीं बल्कि सास को भी कैसा व्यवहार करना चाहिए, इसका उदाहरण कुंती उद्योग पर्व में देती है। कुंती पांडवों को जो संदेशा भेजती है, उसमें कहती है, 'हे पुत्रो, द्रौपदी जैसा कहे, वैसा ही करना। द्रौपदी का सम्मान बना रहे, यह भूलना नहीं।' इसके साथ ही कुंती द्रौपदी को भी संदेशा भेजती है, 'हे पुत्री, तूने मायके और ससुराल इन दोनों ही पक्षों का नाम उज्ज्वल किया है। तू स्त्रियों का धर्म अच्छी तरह जानती है।'

दांपत्य जीवन के विषय में महाभारतकार को जो कहना है, उसका उत्तम उदाहरण वन पर्व में आया द्रौपदी-सत्यभामा संवाद अत्यंत उल्लेखनीय है। यहाँ सत्यभामा द्रौपदी से पूछती है—हे द्रुपदकुमारी, तुम ऐसा तो क्या करती हो कि जिससे पाँच प्रतापी पति सदैव तुम्हारे वशवर्ती रहते हैं। तुम जो कोई विद्या अथवा मंत्र जानती हो, मुझे बताओ, जिससे मेरे पति श्रीकृष्ण भी मेरे वश में रहें। इसके उत्तर में द्रौपदी ने एक बहुत ऊँची मनोवैज्ञानिक बात कही है। उसने कहा—"बहन सत्यभामा, आप जो प्रश्न पूछ रही हैं, वह प्रश्न मूल से ही पति को पत्नी से दूर ले जानेवाला है। जब कोई पति यह जानता है कि उसकी पत्नी उसे अपने वश में करने के लिए तंत्र, मंत्र या अन्य उपायों का प्रयोग कर रही है तो उस पति के मन में पुरुष-प्रकृति के अनुसार ऐसी स्त्री के लिए अरुचि ही पैदा होती है। 'चरणेषु दासी' को चरितार्थ करती हो, इस तरह द्रौपदी कहती है कि 'पत्नी के रूप में मैं अपनी इच्छाओं से अधिक अपने पति के मन की भावनाओं को महत्त्व देती हूँ।'

'दास-दासियों के होते हुए भी पति की जरूरतों का ही मैं हमेशा ध्यान रखती हूँ। मेरे परिवार में सेवक तक भी भोजन न कर लें, तब तक मैं भोजन नहीं करती। परिवार में मैं सबसे पहले उठती हूँ और सोने के लिए सबसे अंत में जाती हूँ। पति को नापसंद हों, ऐसी बातें मैं नहीं करती और कभी भी बहुत अधिक हँसती भी नहीं तथा क्रोध भी नहीं करती।' हँसना और क्रोध, इन दोनों शब्दों को यहाँ एक ही स्थान पर रखा है। जीवन में दोनों का स्थान है, परंतु स्त्री के लिए ये दोनों मर्यादित रूप में आभूषण बन जाते हैं। अमर्यादित रूप से हँसती स्त्री या फिर बहुत अधिक क्रोध करनेवाली स्त्री, दोनों ही स्थितियाँ गृह जीवन के लिए दूषित हैं।

द्रौपदी पारिवारिक जीवन में स्त्री को मात्र 'चरणेषु दासी' ही नहीं कहती, बल्कि 'कार्येषु मंत्री' भी कहती है। वह कहती है कि इंद्रप्रस्थ में युधिष्ठिर के महल में जो हजारों ब्राह्मण भोजन करते थे, उसकी व्यवस्था वह स्वयं ही सँभालती थी। प्रतिदिन यज्ञ-यज्ञादि कर्मों के लिए जो हजारों ब्राह्मण आते थे,उनके सत्कार-पूजन की व्यवस्था भी द्रौपदी ही करती थी। महल में जो हजारों दास-दासियाँ थीं, उनकी पूरी जानकारी, उनके काम और नाम के साथ द्रौपदी रखती थी। यहाँ प्रत्येक दास-दासी को वह नाम से पहचानती थी, ऐसा कहने में एक सुंदर मनोवैज्ञानिक पहलू प्रकट होता है।

इसके उपरांत स्त्री का 'शयनेषु रंभा' रूप भी द्रौपदी के लक्ष्य से बाहर नहीं। वह कहती है, 'हे सत्यभामा, आपको अपने पति पर भरपूर विश्वास और प्रेम तो रखना ही चाहिए, पर यह विश्वास और प्रेम आपके व्यवहार में प्रकट भी होना चाहिए। पति द्वारा कही हुई बात भले ही एकदम मामूली हो, फिर भी आपके मुँह से वह बात दूसरे के कान में जानी नहीं चाहिए। पति जब अपने दैनिक कार्यों से निबटकर घर वापस आए तो सुंदर वेशभूषा पहनकर उसकी प्रतीक्षा करनी चाहिए और प्रसन्न मुख से उसका स्वागत करना चाहिए।' घर वापस लौटे पति की नजर के सामने सुंदर वेशभूषा के साथ उपस्थित होने की बात महर्षि व्यास दांपत्य जीवन में कामशास्त्र का कितना महत्त्व है, आँकते हैं, इसका प्रमाण है।

दांपत्य जीवन में संतान-प्राप्ति का मूल्य बहुत ऊँचा है। शांति पर्व में एक स्थल पर ऐसा कहा गया है कि पत्नी मात्र पतिव्रता हो, इतना ही पर्याप्त नहीं, उसे संतानों की माता भी होना चाहिए। पितामह एक उदाहरण देकर कहते हैं कि जो स्त्री पति को संतुष्ट नहीं कर सकती, वह स्त्री पत्नी कहलाने के योग्य नहीं। स्त्री के लिए पति का महत्त्व आँकते हुए पितामह भीष्म कहते हैं कि पिता के पास से स्त्री को जो कुछ प्राप्त होता है, वह सीमित है। माता और पुत्र का सुख भी मर्यादित है, परंतु पति के पास से जो सुख प्राप्त हो सकता है, वह असीमित होता है। दूसरे पक्ष में पत्नी के अधिकारों और पति के कर्तव्यों के विषय में भी महाभारतकार जाग्रत् हैं। शांति पर्व में ही भीष्म ने पुत्र युधिष्ठिर को परिवार जीवन के धर्म को समझाते हुए कहा है कि जो पुरु

अपनी पत्नी का पालन और रक्षण नहीं कर सकता, वह पति होने के लायक नहीं; इतना ही नहीं, जो पुरुष वैवाहिक जीवन के सहधर्माचार प्रतिज्ञा को भंग करके निंदनीय व्यवहार करता है, उसे अपनी पत्नी की निंदा करने का अधिकार नहीं। निंद्य पत्नी की सेवा करना भी पति का सहज कर्म माना गया है। वन पर्व में द्रौपदी जब मूर्च्छित हो जाती है तो पाँचों पतियों में से सबसे छोटे नकुल और सहदेव पत्नी के चरण दबाते हैं ओर उसे युधिष्ठिर आदि भी स्वीकार करते हैं। दांपत्य जीवन में पवित्रता का मूल्य आँकते हुए अनुशासन पर्व में कहा गया है कि 'सुक्षेत्र' और 'सुबीज' के समन्वय से ही प्रतापी संतान पैदा होती है। यहाँ प्रयुक्त ये दोनों शब्द पति और पत्नी की पवित्रता तथा दोनों के बीच के मानसिक ऐक्य को सूचित करते हैं।

परिवार में माता का स्थान बहुत ऊँचा रहा है। माता मात्र संतानों की जनेता या जन्मदात्री हो, इतना ही पर्याप्त नहीं। बालक के संस्कार-निर्माण के लिए माता को ही प्रेरणादायी माना गया है। सगर्भा स्त्री परिवार में आदर की अधिकारिणी होती थी और सबसे पहले उसके भोजन के लिए व्यवस्था होती थी। अरण्यवास के दौरान भीम जब अजगर के मुँह में जकड़ गए थे और अजगर ने जब उन्हें अपना ग्रास बना लिया था तो भीम को सबसे पहले अपनी माता ही याद आती है। भीम आक्रंद करते हुए कहते हैं 'मुझे मृत्यु का दुःख नहीं, किंतु पुत्रों पर अपार प्रेम करनेवाली अपनी माता कुंती की अवस्था का विचार करके शोक होता है।'

माता-पिता का स्थान संतानों के लिए सर्वोच्च बताया गया है। गर्भ में रहते हुए अष्टावक्र ने पिता के अनुचित कर्म की आलोचना की थी, इसलिए गर्भावस्था में ही उस बालक का शरीर आठ प्रकार से वक्र (टेढ़ा) हो गया। माता-पिता अथवा गुरु अनुचित कर्म कर रहे हों तो भी उनका दोष देखना संतान के लिए घोर आचरण माना गया है। महाभारत के विशाल घटाटोप में पारिवारिक जीवन का यह तुलसी पौधा सहसा दिखाई नहीं देता, पर उसकी सुगंध का आनंद महाभारत में हम जगह-जगह पा सकते हैं।

□

6

नकारात्मक तत्त्वों की दारुण पराजय

मनुष्य में त्याग, सेवा, प्रेम, समर्पण जैसे सकारात्मक और अहंकार, ईर्ष्या, द्वेष, वैर आदि नकारात्मक, इस प्रकार दोनों अंतिम एक साथ रहते हैं। जिस समाज में जिन तत्त्वों का तात्कालिक प्राधान्य होता है, वह समाज उस सीमा तक सकारात्मक या नकारात्मक होता है। वर्तमान युग नकारात्मक तत्त्वों से व्याप्त है, ऐसा हम सभी सामान्यतः स्वीकार करते हैं और उससे मुक्त होकर सकारात्मक तत्त्वों का प्राधान्य स्थापित करना आदर्श रहा है। इस संदर्भ में महाभारत के कथानक हमें किस तरह दिशा-निर्देश कर सकते हैं?

समग्र मानवजाति के इतिहास में कोई भी कालखंड पूरा का पूरा सकारात्मक हो या पूरा का पूरा नकारात्मक हो, ऐसा कभी हुआ नहीं। बीती सदी के पत्र-पत्रिकाओं में कवि नर्मद का 'डांडियो' (गुजराती) देखें तो उसमें कवि ने उग्रता से शिकायत की है कि यह जमाना बहुत बारीक आया है और लोगों में सद्‌गुणों का ह्रास हुआ है। चार हजार वर्ष पुराना एक शिलालेख इजिप्ट में मिला है और उसमें ऐसी निराशा व्यक्त की गई है कि इस युग में जन्म लेना अतिशय कठिन काम है। इस शिलालेख का उल्लेख डॉ. राधाकृष्णन ने अपने

एक ग्रंथ में किया है। महाभारत काल में जैसे और जितने कुकृत्य हुए हैं, उतने और वैसे दुष्कृत्य शायद आज के युग में ढूँढ़े भी नहीं मिलेंगे। इसके बावजूद आज का युग अधिक नकारात्मक मूल्यों से भरा लगता है तो इसका एक ही कारण हो सकता है कि महाभारत के तमाम नकारात्मक कृत्यों के बीच श्रीकृष्ण या भीष्म जैसे उत्तुंग शिखर भी थे। आज हमारे बीच ऐसा कोई व्यक्तित्व नहीं, इसके कारण ही हमारे जीवन में एक रिक्तता का निर्माण हो गया है।

एक तरह से देखें तो महाभारत ऐसे नकारात्मक मूल्यों का ही योग है। अहंकार, द्वेष, ईर्ष्या, वैर, ये सब महाभारत के लगभग सभी पात्रों में और उनके आचरण में इस सीमा तक प्रतिबिंबित होते हैं कि कभी-कभी तो हमें लगता है कि महामनीषी व्यास से क्या, इन सभी के आलेखन के लिए ही यह ग्रंथ रचा है। इस सतही प्रश्न के भीतर जाकर देखें तो तुरंत खयाल आता है कि ऐसे नकारात्मक तत्त्वों की विजय नहीं बल्कि दारुण पराजय ही महाभारतकार को अभिप्रेत है। दुर्योधन आदि नकारात्मक तत्त्वों की विजय तो हुई और इस तरह 'धर्म की जय' यह सूत्र स्थापित तो किया, परंतु ये विजेता तत्त्व भी नकारात्मक मूल्यों से मुक्त नहीं थे और इसीलिए महाभारतकार ने इन विजेताओं से रुदन कराया है तथा स्वर्गारोहण में आत्म विलोपन (आत्महत्या) कराया है।

सामान्य रूप से हम रामराज्य को एक आदर्श स्थिति कहते हैं। रामराज्य माने सुख, समृद्धि और सद्गुणों का योगफल, ऐसा हमें अभिप्रेत होता है। पर रामराज्य में ही जीवित रहने और तप जैसे अपराध के लिए शिरोच्छेद का दंड पानेवाले शंबूक को यह रामराज्य कैसे सकारात्मक लगा होगा? इसी प्रकार लंका विजय के बाद सीता के सतीत्व की परीक्षा अग्निप्रवेश द्वारा नजरो-नजर देखने के बाद भी राम ने गर्भवती पत्नी को एकमात्र धोबी के कुवचन के आधार पर वन में असहाय अवस्था में त्याग दिया! इस परित्यक्ता पत्नी के पेट से अवतरित हुए दो पुत्र लव और कुश को पिता का यह राज्य किस तरह का आदर्श राज्य लग सकता है? इस प्रकार कोई भी कालखंड का पूर्णत: सकारात्मक अथवा नकारात्मक होना संभव ही नहीं।

महाभारत में ऐसे नकारात्मक मूल्यों का योगदान बड़ा है। लगभग सभी पात्र ऐसे तत्त्वों से ही प्रेरित हैं, इसे स्वीकार भी करना चाहिए। महाभारत का आरंभ ही वैर भावना से होता है। उत्तुंग नाम का एक ब्राह्मण अपना विद्याध्ययन पूर्ण करने के बाद गुरु से गुरुदक्षिणा स्वीकार करने के लिए प्रार्थना करता है। गुरु को तो कोई लालसा नहीं किंतु गुरुपत्नी उत्तुंग से कहती है कि चार दिन के बाद यहाँ आश्रम में एक उत्सव है और इस उत्सव में सभी अतिथियों को भोजन परासेते समय मैं कान में सुवर्ण कुंडल पहनना चाहती हूँ। राजा पौष्य की रानी ने जो कुंडल धारण किए हैं, वही कुंडल पाना चाहती हूँ। गुरु ने गुरुपत्नी की यह इच्छा पूरी करने के लिए उत्तुंग को कहा। उत्तुंग ने राजा पौष्य की रानी से ये कुंडल याचना करके प्राप्त तो किए, किंतु जब वह इन कुंडलों को लेकर आश्रम लौट रहा था तो मार्ग में उसके पास से साधुवेशधारी तक्षक नाग ने उन्हें चुरा लिया। (साधु के लिए यहाँ महाभारत में 'क्षपणक' शब्द प्रयुक्त हुआ है और संस्कृत भाषा में 'क्षपणक' शब्द दिगंबर या बौद्ध साधु के लिए ही प्रयुक्त होता रहा है। इसे ध्यान में रखते हुए तक्षक को यहाँ 'क्षपणक' कहा गया है। यह मुद्दा रसप्रद और विचारणीय है।)

उत्तुंग बहुत ही श्रमपूर्वक यह कुंडल तक्षक के पास से वापस प्राप्त करता है और गुरुपत्नी को दक्षिण के रूप में देकर ऋणमुक्त होता है। परंतु तक्षक ने उसके मार्ग में अकारण ही जो विघ्न खड़ा किया था, उससे वह रोष से भरा था। इस रोष से प्रेरित होकर वह तक्षक से प्रतिशोध लेना चाहता था। प्रतिशोध की अग्नि में जलता हुआ वह हस्तिनापुर में राजा जनमेजय के पास गया। जनमेजय अर्थात् अभिमन्यु का पौत्र। जनमेजय के पिता परीक्षित की मृत्यु तक्षक नामक नाग के डसने से हुई थी।

तक्षक नाग ने परीक्षित को डसा, वह भी परीक्षित के प्रति ऋषिकुमार शृंग के वैरभाव के कारण ही था। परीक्षित ने शृंग के पिता शमिक को मृत सर्प से अपमानित किया था और उससे क्रोध में भरे शमिक के पुत्र शृंग ने राजा को तक्षक नाग डसे, ऐसा शाप दिया था। इस शाप के अनुसार तक्षक नाग द्वारा मृत्यु को प्राप्त हुए परीक्षित के पुत्र जनमेजय ने यह बात भुला दी थी। उत्तुंग

जब तक्षक नाग से प्रतिशोध लेने के लिए जनमेजय के पास आया, उस समय जनमेजय तक्षशिला गए हुए थे। उत्तुंग ने जनमेजय के आने तक उसकी प्रतीक्षा की और फिर अपने वैर की बात करने के बजाय तक्षक ने जनमेजय के पिता को दंश दिया था और इसलिए पितृभक्त पुत्र के रूप में जनमेजय को इस तक्षक नाग से प्रतिशोध लेना ही चाहिए, इस तरह उसे उकसाया। उत्तुंग की यह युक्ति सफल भी हुई और राजा जनमेजय ने तक्षक का संहार करने के लिए सर्पसत्र यज्ञ आरंभ किया। (यहाँ एक अन्य रसप्रद निरीक्षण भी ध्यान करने लायक है। रामायण का महाविनाश सीता द्वारा की गई कांचनमृग की माँग के कारण संभव हुआ था। इसी प्रकार महाभारत में राजा जनमेजय द्वारा जो महासंहार होता है, उसे भी उत्तुंग से सुवर्णकुंडल की माँग करनेवाली गुरुपत्नी की घटना के साथ जोड़कर देखा जा सकता है।)

छोटे भाई विचित्रवीर्य के लिए योग्य कन्या खोज लाने के लिए भीष्म ने राजा शाल्व की तीन पुत्रियों का अपहरण किया। इन तीनों में से बड़ी पुत्री अंबा मन-ही-मन अन्यत्र वरी जा चुकी थी, इसलिए भीष्म ने उसका त्याग किया। इसके बाद अंबा का कहीं स्वीकार नहीं हुआ, यह कथा सर्वविदित है और अंत में अपनी इस दुर्दशा के लिए भीष्म ही कारणभूत हैं, यह मानकर अंबा ने भीष्म का नाश करने के प्रयास किए। उसमें उसे सफलता नहीं मिली, इसलिए कठोर तपश्चर्या करके भीष्म से बदला लेने के लिए उसने दूसरा जन्म प्राप्त किया। दूसरे जन्म में वह राजा द्रुपद की पुत्री शिखंडी बनी और इस शिखंडी के रूप में उसने भीष्म से प्रतिशोध लिया। इसी प्रकार कर्ण और अर्जुन के बीच के वैर की कथा प्रसिद्ध है। आचार्य द्रोण ने कुरुकुमारों के अस्त्र-शस्त्र विद्या की जब परीक्षा ली, उस समय कर्ण ने अर्जुन को चुनौती दी थी, किंतु 'तू सूतपुत्र है और अर्जुन राजकुमार है,' यह कहकर उसे भगा दिया गया था। इस अपमान से प्रेरित कर्ण ने आजीवन अर्जुन के प्रति मन में रोष रखा था। इंद्रप्रस्थ में राजसूय यज्ञ के समय मयदानव द्वारा निर्मित महल में जल को स्थल मानकर और स्थल को जल मानकर भ्रमित हुए दुर्योधन को लज्जित किया गया था। दुर्योधन ने द्यूतसभा में द्रौपदी को लज्जित करके इस

अपमान का बदला लिया, परंतु द्रौपदी की इस लज्जित अवस्था के कारण ही भीम ने दुर्योधन की जाँघ तोड़ने और दु:शासन का रुधिर पान करने की प्रतिज्ञा की और यह प्रतिज्ञा उसने पूरी भी की।

इसी प्रकार द्रोण और द्रुपद के बीच वैर की बात भी महाभारत की महत्त्वपूर्ण घटनाओं में से एक है। द्रुपद द्वारा अपमानित होकर द्रोण ने अपना ब्राह्मणधर्म त्याग कर हस्तिनापुर का वैतनिक आचार्य पद स्वीकार किया और इस आचार्य पद की गुरुदाक्षिणा के रूप में उन्होंने अर्जुन द्वारा द्रुपद को पराजित कराया। पराजय के इस वैर को शांत करने के लिए द्रुपद ने यज्ञवेदी से द्रोण का वध कर सके, ऐसा पुत्र धृष्टद्युम्न प्राप्त किया। इस धृष्टद्युम्न ने अंत में द्रोण का वध तो किया, परंतु पिता के वध से रोषित हुए द्रोण-पुत्र अश्वत्थामा ने अठारहवें दिन की रात में सेनापति धृष्टद्युमन की हत्या की। उसकी हत्या के कारण ही अश्वत्थामा ने प्राण बचाने के लिए ब्रह्मास्त्र का प्रयोग किया और इस ब्रह्मास्त्र ने एकमात्र बचे गर्भस्थ कुरुवंशज परीक्षित का संहार किया। परीक्षित ने कृष्ण की कृपा से पुनर्जीवन तो प्राप्त किया, पर ऊपर कही गई शमिक ऋषि और तक्षक नाग की घटना के साथ यह वैर-चक्र सतत चलता ही रहा।

तत्कालीन समाज में व्याप्त आर्थिक असमानता का एक उदाहरण भी देखने योग्य है। आचार्य द्रोण ब्राह्मण गुरु और शिक्षक हैं। विद्वान् भी हैं, परंतु अपने एकमात्र पुत्र को दूध की एक बूँद भी पिला सके, ऐसी उनकी स्थिति नहीं थी। जो समाज एक तरफ समृद्धि में लोटता हो, उसी समाज में दूसरे छोर पर विद्वान् ब्राह्मण और अध्यापक ऐसी दारुण विपन्नता में जीवन व्यतीत करता हो, उस समाज में रक्तरंजित संक्रांति निश्चित रूप से प्रकट होती ही है। इस आर्थिक असुरक्षा के कारण ही द्रोण ने अपने ब्राह्मण धर्म के विरुद्ध जाकर राजा द्रुपद से याचना की। ब्राह्मण और अध्यापक को याचक ही होना चाहिए। द्रोण याचक नहीं रहे और अपने धर्म का त्याग करके याचक बने! फलस्वरूप इसके बाद जो घटनाएँ घटीं, उनका अंत महाभारत के महासंहार के रूप में हुआ है, यह याद रखने लायक है, द्रोण के इस अधर्म का प्रत्युत्तर द्रुपद ने भी

धर्मविरुद्ध 'पुत्रेष्टि' यज्ञ द्वारा द्रोण के वध के लिए पुत्र प्राप्त करके दिया है। इस प्रकार अधर्मों की यह हारमाला लंबी होती गई है।

वैरभावना के उपरांत दुर्योधन का अहंकार, ईर्ष्या, असूया, द्वेष, ये सभी तत्त्व भी महाभारत में भरपूर दिखाई देते हैं। विशेषरूप से ईर्ष्या, द्वेष और असूया इन तीन मानवसहज दुर्बलताओं ने महाभारत के कथानकों में जो भूमिका निभाई है, वह ध्यान देने योग्य है। इसे ध्यान में रखने के पहले इन तीनों शब्दों को उनके सही अर्थों में समझ लेना चाहिए। ऊपर से ये तीनों शब्द एक ही अर्थ देते हों, इस तरह हम इनका उपयोग करते हैं, पर तात्त्विक रूप से ये तीनों शब्द भिन्न भाव अभिव्यक्त करते हैं।

जो वस्तु प्राप्त करने की मुझे आकांक्षा हो और उस वस्तु के लिए मैं अपने आपको सबसे अधिक योग्य व्यक्ति भी मानता होऊँ; वही वस्तु मुझे प्राप्त होने के बदले अन्य किसी को प्राप्त हो जाए तो उस व्यक्ति के प्रति मेरे मन में जो भाव प्रकट होगा, वह ईर्ष्याभाव है। इंद्रप्रस्थ में युधिष्ठिर को अपार समृद्धि प्राप्त हुई और आर्यावर्त्त के तमाम राजाओं ने युधिष्ठिर की अपरिमेय सत्ता का स्वीकार भी किया। इससे दुर्योधन के मन में प्रचंड ईर्ष्या उत्पन्न हुई और इस ईर्ष्या के कारण ही युधिष्ठिर के पास से सारा कुछ छीन लेने के लिए उसने अपने मामा शकुनि की सलाह के अनुसार द्यूत का आयोजन किया। इसमें दुर्योधन का यह मानना स्वाभाविक सही ही था कि जो ऐश्वर्य और सत्ता युधिष्ठिर को प्राप्त हुई थी, वह सब उसकी अपेक्षा मेरे लिए अधिक उचित कही जाएगी। यह हुआ ईर्ष्याभाव!

राजसूय यज्ञ में शिशुपाल ने श्रीकृष्ण की अग्रपूजा का विरोध किया। शिशुपाल का यह कृत्य ईर्ष्याभाव नहीं था। अग्रपूजा कृष्ण के बदले उसकी स्वयं की होनी चाहिए, ऐसा आग्रह शिशुपाल का बिल्कुल नहीं था। वह कृष्ण के समकक्ष नहीं और अग्रपूजा का अधिकारी नहीं, यह बात शिशुपाल मन-ही-मन अच्छी तरह जानता है, पर रुक्मिणी का विवाह स्वयं उसके साथ न होकर श्रीकृष्ण के साथ हुआ, इसके कारण उसके मन में कृष्ण के लिए रोष धधकता था। ऐसी परिस्थिति में आर्यावर्त के प्रथम पुरुष के रूप में कृष्ण

स्वीकार किए जाएँ, यह शिशुपाल को सहन हो, यह संभव नहीं था और इसीलिए कृष्ण के बदले भीष्म, द्रोण या दूसरे किसी का भी पूजन हो, ऐसा वह आग्रह करता है। इसमें भीष्म या द्रोण के लिए शिशुपाल के मन में अहोभाव या आदरभाव नहीं है, केवल कृष्ण को अग्रपूजा से वंचित रखने का द्वेषभाव ही है। इस प्रकार द्वेष ईर्ष्या से अधिक हीन कोटि की विभावना है।

ईर्ष्या और द्वेष जैसे ही और बहुत कुछ इन दोनों शब्दों के समान अर्थ में एक तीसरे शब्द का हम प्रयोग करते हैं। यह शब्द है : असूया। मूल संस्कृत भाषा में 'सू' धातु से यह शब्द बना है। 'सू' का अर्थ है जन्म। इस पर से 'सूया' अर्थात् 'जन्म देना' और सूयाणी यानी जन्म देनेवाली स्त्री, 'दाई' ये शब्द प्रचलित हुए हैं। असूया शब्द भी इस 'सू' धातु पर से ही बना है। सूया माने जन्म देना और असूया माने जो किसी को भी जन्म नहीं दे सके वह। ईर्ष्या या द्वेष का मूल कारण असमर्थता है। व्यक्ति अपनी असमर्थता इस भाव में प्रकट करता है। ईर्ष्या और द्वेष से कुछ भी नहीं पाया जा सकता है। इससे कुछ भी नहीं जनमता है, इसलिए जिसमें से कुछ भी प्राप्त नहीं किया जा सकता, उस भाव को असूया कहते हैं।

दुर्योधन की ईर्ष्या या शिशुपाल के द्वेष की बात हमने देख ली है। ऐसा ईर्ष्याभाव मात्र दुर्योधन ने ही पाल रखा था, ऐसा हम कहें तो दुर्योधन के प्रति अन्याय होगा। अर्जुन जब सुभद्रा को ब्याहकर हस्तिनापुर ले आए तो द्रौपदी ने भी अपनी इस सौतन के विरुद्ध ऐसी ही ईर्ष्या प्रकट की है। अरण्यवास काल में कुंती जब मंत्र द्वारा तीन पुत्र प्राप्त करती है, उस समय माद्री भी ऐसे ईर्ष्याभाव से पीड़ित होती है। माद्री के पास कोई मंत्रसिद्धि नहीं है और पति पांडु राजा संतान पैदा कर सकने में असमर्थ हैं, इसलिए माद्री अपना यह ईर्ष्याभाव पति के समक्ष व्यक्त करके कुंती के दो मंत्र स्वयं उसे मिले, ऐसा आग्रह करती है। माता गांधारी जब गर्भवती थीं, उस समय अरण्यवास में कुंती ने ज्येष्ठ पांडुपुत्र युधिष्ठिर को जन्म दिया है, यह बात उन्होंने जानी तो उनके मन में तीव्र असूया पैदा हुई थी। कुंती का पुत्र पहले जनमा, इसका अर्थ यह हुआ कि इसके बाद युवराज भी वही बनेगा और गांधारी के पुत्र का स्थान सामान्य राजकुमार से

विशेष कुछ नहीं रहेगा। इस असूयाभाव से प्रेरित होकर हताश हुई गांधारी ने अपना संपूर्ण रोष अपने गर्भ पर उतारा और बलपूर्वक गर्भ को त्याग दिया था।

अहंकार का सर्वोत्तम उदाहरण दुर्योधन है। दुर्योधन प्रचंड वीर और समर्थ योद्धा था। हस्तिनापुर में राज्यशासन उसने कुशलता और कुशाग्रता से किया था। उसने कई युद्ध जीते थे। अनेक यज्ञ किए थे और बहुत अधिक दान भी दिए थे। वह शास्त्रों का ज्ञाता भी था। इतना ढेर सारा ज्ञान होते हुए भी वह पांडुपुत्रों के प्रति अपनी ईर्ष्या का त्याग नहीं कर सका; इतना ही नहीं, युद्ध में और अन्यत्र भीम या अर्जुन के हाथों सतत पराजित होते रहने के बावजूद उसने निरी वास्तविकता के साथ समझौता नहीं किया। उसका अहंकार उसे ऐसा करने नहीं देता और इस अहंकार के कारण ही युद्ध के अठारहवें दिन जब पूरी कौरव सेना का नाश हो गया, उस समय वह जल में छुप गया था, परंतु कृष्ण ने उसके अहंकार को झकझोर कर जल के तल पर छिपा दुर्योधन सुन सके, इस तरह जोर-जोर से कहा कि यह दुर्योधन भीम से डरकर छुप गया है, पर यदि एक बार वह भीम की नजर में पड़ जाए तो भीम उसे अवश्य मार डालेंगे। जल में दुर्योधन का अहंकार इससे आहत हुआ और वह खुद ही आगे बढ़कर बाहर आया, फलस्वरूप भीम ने उसका वध किया।

इस प्रकार महाभारत के असंख्य कथानक ऐसे नास्तिवाचक (नकारात्मक) भावों से प्रेरित हैं। यदि ऐसे नकारात्मक भावों का ही आलेखन और प्राधान्य रखना हो तो महर्षि व्यास जैसे क्रांतिद्रष्टा हमें यह कथा क्यों सुनाएँ? इन तमाम भावों द्वारा कुछ भी सिद्ध नहीं हो सकता; इतना ही नहीं, जो भी सिद्धि होती हुई प्रतीत होती है, वह प्राय: सपाटी के ऊपर की कामचलाऊ व्यवस्था होती है। द्यूतसभा में दुर्योधन की विजय या फिर अरण्यवास के दौरान द्रौपदी की हुई अवहेलना, यह सब सहन करना ही पड़ता है। एक तरह से देखें तो द्यूत में पराजित पांडवों के लिए दुर्योधन से भी अधिक युधिष्ठिर इसके लिए उत्तरदायी थे। अरण्यवास में उन्होंने स्वयं ही कहा है कि मेरे मन में ऐसा था कि मैं द्यूत की पासा विद्या में प्रवीण हूँ, इसलिए दुर्योधन को हराकर हस्तिनापुर का राज्य

मैं युद्ध किए बिना ही प्राप्त कर लूँगा। इस प्रकार युधिष्ठिर स्वयं की पापभावना से प्रेरित थे। द्रौपदी की लज्जास्पद अवस्था के लिए युधिष्ठिर की खुद की जवाबदारी भी कम नहीं थी।

नकारात्मक भाव किसी भी उत्तम समझे जानेवाले व्यक्ति में भी रहे ही हैं। इसे अस्वीकार करना वास्तविकता से आँख मूँदने जैसा ही है। इसे निर्मूल नहीं किया जा सकता है। महाभारतकार इन भावों के कथानकों से मानो भावी पीढ़ियों को यह बताना चाहते हैं कि व्यक्ति को जो भी प्रयत्न करने हैं, उसे ऐसे भावों से यथासंभव कम-से-कम प्रेरित होकर अपने जीवन का विकास सिद्ध करना चाहिए। दुर्योधन और युधिष्ठिर दोनों में ही ऐसे नकारात्मक भाव निश्चित रूप से रहे हैं, पर युधिष्ठिर ने उसे निर्बलता समझकर अपना जीवनक्रम निश्चित किया है। जब कभी ऐसी निर्बलता प्रकट भी हुई तो उसे सँभाल लेने के लिए उन्होंने जागरूकता भी दिखाई है, और यही महाभारतकार को अभिप्रेत भी रहा है।

मनुष्य प्रकाश और अंधकार, इन दो तत्त्वों का अजीब सम्मिश्रण है। कोई मनुष्य कभी भी पूर्ण नहीं। पूर्णता की प्राप्ति के लिए यात्रा, यही मानव जीवन की पराकाष्ठा है। इस यात्रा-पथ में अनेक विघ्न हैं। मनुष्य की अपनी अपार निर्बलताएँ हैं। प्रत्येक मनुष्य अर्जुन जैसा भाग्यशाली भी नहीं होता कि जिसके रथ की लगाम किसी अदृष्ट कृष्ण के हाथ में रखी रहने वाली है।

एक अन्य गर्भित सूचितार्थ भी महाभारत के घटनाचक्र से निकाला जा सकता है। सकारात्मक मूल्यों का प्राधान्य बनाए रखकर जो भी सहज प्रवृत्तियाँ यथाशक्ति, यथामति आचरित की हुई हों, उनके फलस्वरूप जो भी प्राप्त होता है, वह भी कोई सुखद या शाश्वत नहीं होता है। सुख सतह पर की भ्रामक कल्पना है। युद्ध को टालने के लिए मनुष्य से हो सके, वे सभी प्रयास करने के बावजूद कृष्ण और उनका समग्र यादव परिवार माता गांधारी द्वारा शापित होकर नष्ट हो गया। कृष्ण की यादवी सेना दुर्योधन के पक्ष में लड़ी थी और स्वयं कृष्ण ने नि:शस्त्र रहकर पांडवों के पक्ष में सारथि का कर्तव्य निभाया था। इसके बावजूद ये सभी यादव शापित हुए और विनाश को प्राप्त हुए।

कोई युग स्वर्णयुग नहीं होता। कोई व्यक्ति पूर्ण नहीं। कोई कृत्य परिणाम-विहीन नहीं। महाकाल प्रत्येक कृत्य को तराजू में तौलकर निर्णय नहीं करता। काल एक सतत बहती सरिता नहीं बल्कि एक स्थिर सरोवर है और हम सभी इस सरोवर के किनारे व्यर्थ गोल-गोल घूमते रहते हैं और अपनी इस प्रदक्षिणा में जो कुछ प्राप्त होता है, उसे अपने भोलेपन से सिद्धि मान लेते हैं। सिद्धि अर्थ, काम या मोक्ष से प्राप्त नहीं होती। यदि धर्म का अनुसरण न हुआ हो तो अर्थ, काम और मोक्ष निरर्थक शब्द बन जाते हैं। इन शब्दों का व्यतिक्रम करके मनुष्य जब धर्म का सेवन करता है, तभी उसका जीवन सार्थक होता है। अन्यथा दुर्योधन हो या युधिष्ठिर, जीवन एक समस्या बन जाता है। इस समस्या के निराकरण के लिए अधिकांशत: कृष्ण से और कुछ अंशों में भीष्म से हमें मार्ग प्राप्त होता है।

जो समाज अश्वमेध यज्ञ की सिद्धि को आँख फाड़कर आदर्श मानता है, उस समाज को महाभारतकार ने आधे सुवर्णदेहवाले नेवले की कथा प्रस्तुत करके उचित दिशा-निर्देश किया है। युधिष्ठिर की समृद्धि, विजय अथवा दान को नैमिषारण्य के ब्राह्मण परिवार के अन्न की महत्ता के समक्ष नगण्य माना है। अकिंचन ब्राह्मण के त्याग से अपनी आधी देह सोने की कर सकनेवाला नेवला युधिष्ठिर के इस अश्वमेध यज्ञ के द्वारा भी अपना शेष आधा शरीर सोने का नहीं कर पाता है। समाज में सर्वोच्च स्थान त्याग का है। जीवन में उच्चतम शिखर तप का है। समृद्धि, सत्ता, विजय ये सब जरूरी हों, तो भी उसका क्रम प्रथम नहीं, द्वितीय ही रहेगा।

□

7

महाभारत के पात्र अर्थात् कामव्यवस्था का ऊर्ध्वीकरण

महाभारत के अधिकतर पात्रों के जन्म हमारे नैतिक और सामाजिक स्वीकृति के मापदंड के विपरीत स्त्री-पुरुष संबंधों के कारण ही हुए हैं। जिन्हें धर्मात्मा या महात्मा कहा जा सके, ऐसे पात्रों के जन्म भी सामाजिक रूप से अस्वीकृत कहे जाएँ, ऐसे संबंधों से हुए हैं। इसके बावजूद ये पात्र आज हजारों वर्ष के बाद भी अपने जीवन-व्यवहार के आदर्श पात्र बने हुए हैं। इस स्पष्ट विसंवाद के विषय में कुछ कहेंगे?

आदर्श मानवजीवन के जो पुरुषार्थ हमारी सांस्कृतिक परंपरा और धर्म-संहिताओं में दरशाए हैं, उनमें धर्म, अर्थ, मोक्ष के उपरांत काम का भी समावेश होता है। श्रीमद्भगवद्गीता में स्वयं श्रीकृष्ण ने अपना विभूतियोग दरशाते हुए कहा है कि 'प्रजानश्चस्मि कन्दर्पः।' अर्थात् प्रजा (संतान) को उत्पन्न करनेवाला काम मैं हूँ। तैत्तिरीय उपनिषद् में शिक्षावल्ली के ग्यारहवें अनुवाक् में शिक्षा पूरी करके गृहस्थाश्रम में प्रवेश कर रहे शिष्य को आचार्य जो उपदेश देते हैं, उसमें बहुत स्पष्ट रूप से कहा गया है, 'प्रजातन्तु मा व्यक्च्छेत्सी' यानी कि संतान उत्पन्न करने का जो तंतु

परंपरागत रूप से सँभाला गया है, उसका उच्छेद नहीं करना। इस प्रकार संतानप्राप्ति को महत्त्व दिया गया है। इस संतानप्राप्ति के लिए काम को एक धर्मानुचरण माना जाता है।

जहाँ तक महाभारत का संबंध है, वहाँ तक इन सभी श्रेष्ठ पात्रों के जन्म की कथा सचमुच जटिल है। परंतु इस जटिलता के पीछे एक बात जो रहस्य है, वह स्फुट हो जाती है तो उसका सौंदर्य और ऊपर दिखाई देता अधर्म है, उसके पीछे जो सूक्ष्म धर्म और मानवप्रकृति की गहनता होती है, वह देखी जा सकती है। स्वयं महाभारतकार महर्षि व्यास का जन्म एक ऐसी घटना से हुआ है, जिसका स्वीकार कोई भी सामाजिक मापदंड या धर्मशास्त्र नहीं कर सकता। गंगा नदी के एक तट से दूसरे तट पर जाने के लिए नाव में प्रवास कर रहे महर्षि पराशर प्रचंड तपस्वी और ज्ञानी हैं। सोलह-सत्रह वर्ष की कुँवारी कन्या मत्स्यगंधा यह नाव चला रही है। मत्स्यगंधा के शरीर से मछली की दुर्गंध आती है और एक तट से दूसरे तट पर जाने में मुश्किल से दस-पंद्रह मिनट का समय लगता है। दोनों तटों पर आश्रम हैं और तट पर खड़े यात्री इस नाव को देख सकते हैं। ऐसी ही परिस्थिति में पराशर ऋषि कामवश हों, यह विचित्र घटना लगती है, परंतु काम को स्थल, समय या अन्य मर्यादाएँ नहीं होती हैं। काम सर्वतोमुखी है। महाप्रबल है, तप या ज्ञान से काम का नाश नहीं होता, वह तो देह में रक्त के परिभ्रमण की तरह बसा होता है। इसी की मानो महाभारतकार हमें चेतावनी देना चाह रहे हों, इस प्रकार ऋषि पराशर इस दुर्गंधमयी कन्या से कामतृप्ति की याचना करते हैं। काम कैसा ज्वलंत है, इसी को मानो प्रतिध्वनित करती हो, इस तरह वह अबोध कन्या भी इस पितृतुल्य ऋषि से कहती है कि इस समय तो प्रकाशमय दिन का समय है और तट पर के सभी लोग हमें देख रहे हैं। महर्षि पराशर इस कन्या के इस तर्क का प्रत्युत्तर दे रहे हों, इस तरह सूर्य के आड़े काले बादलों का निर्माण करके तुरंत ही चारों ओर अंधकार कर देते हैं।

इस प्रकार काल को पराजित कर सकनेवाले महर्षि पराशर काम के समक्ष अवश हो जाते हैं। इन कुछ क्षणों के बाद कौमार्य खो चुकी उस कन्या के समक्ष ऋषि अपनी दुर्बलता और भूल स्वीकार करते हैं और कहते हैं कि

इसमें जो कुछ हुआ, उसमें तुम निर्दोष हो, दोष तो मेरा ही कहा जाएगा और इसलिए अपने इस संबंध से जनमे पुत्र का उत्तरदायित्व तुम्हारे सिर पर नहीं बल्कि मैं अपने सिर पर स्वीकार कर लेता हूँ। इतना ही नहीं, बल्कि तुम्हारा जो कौमार्य मैंने भंग किया है, वह कौमार्य भी मैं तुम्हारे शरीर में स्थापित कर देता हूँ और इसके बाद से अब तुम्हारे से दुर्गंध नहीं बल्कि सुगंध बहेगी और यह सुगंध चारों दिशाओं में एक-एक योजन तक फैल जाएगी।

इस तरह महाभारतकार व्यास का जन्म एक अनैतिक दिखाई देते संबंध से हुआ है। परंतु यह संबंध बलात्कार नहीं कहा जा सकता। स्त्री और पुरुष का दैहिक सायुज्य संतान का निर्माण करता है, यह सही है, परंतु निरे दैहिक सायुज्य से जो बालक जन्म लेता है, उसमें और दैहिक सायुज्य के उपरांत मनो-व्यापार का ऐक्य और संबंधों के दौरान एक-दूसरे के प्रति समर्पण और विलोपन का भाव यदि प्रकट हुआ हो तो वह संतान अधिक उच्च कोटि की पैदा होती है। दैहिक संबंध एक स्थूल प्रक्रिया है। सामाजिक ढाँचे को टिकाए रखने के लिए इस स्थूल प्रक्रिया को विवाह अथवा अन्य व्यवस्था का नाम दिया जाता है, परंतु स्वस्थ और मेधावी समाजरचना के लिए जो अनिवार्य है, उस संतानोत्पत्ति के क्षण में स्त्री-पुरुष के बीच की मानसिक अनुभूति और समर्पण, विलोपन तथा मानसिक ऐक्य अधिक महत्त्वपूर्ण हैं। इस वास्तविकता को आधुनिक विज्ञान भी स्वीकार करता है।

पराशर और मत्स्यगंधा के इस संबंध से जनमे व्यास कुरुकुल का सातत्य बनाए रखने का निमित्त बनते हैं, यह भी महाभारत की एक विचित्र घटना है। मत्स्यगंधा से सत्यवती बनकर राजा शांतनु के साथ उसने विवाह किया और इस वैवाहिक जीवन में उसे दो पुत्र भी हुए। बड़े पुत्र चित्रांगद की अविवाहित अवस्था में ही मृत्यु हो गई और अब विधवा राजमाता सत्यवती, पुत्र विचित्रवीर्य का विवाह अंबिका और अंबालिका नामक दो राजकुमारियों के साथ कराती हैं। महाभारतकार ने एक बहुत ही सुंदर संदेश यहाँ दिया है। विचित्रवीर्य जवान था और राज-काज की चिंता बड़े भाई भीष्म सँभाल रहे थे। साथ ही दो सुंदर व युवा पत्नियाँ थीं। ऐसी स्थिति में व्यक्ति यदि समझकर नियंत्रित

व्यवहार न करे तो उसका परिणाम खराब ही आता है। विचित्रवीर्य अमर्यादित कामवासना भोगता है और उसकी इस कामलिप्सा के कारण ही वह पुत्रहीन रहकर यौवनकाल में ही मृत्यु को प्राप्त हो जाता है। विचित्रवीर्य की विधवा पत्नियों द्वारा पुत्र प्राप्त कर कुरुकुल को उबारने के सिवा अब दूसरा कोई विकल्प नहीं बचा था।

हमारे स्मृतिकारों ने जिस प्रकार प्रजातंतु का विच्छेद न करने के लिए कहा है, उसी तरह प्रजातंतु माने क्या, इसकी समझ भी दी है। विचित्रवीर्य के किस्से में अपने आप ही इस प्रजातंतु का विच्छेद हो गया है। परंतु ऐसे असाधारण संयोगों में भी स्मृतिकारों ने पुत्रप्राप्ति के अन्य विकल्पों को धर्म का अनुमोदन दिया है। ऐसे बारह प्रकार के पुत्रों की धर्मविदित सूची दी गई है। ये बारह प्रकार के पुत्र क्रमानुसार इस प्रकार हैं : 1. परिणीता (विवाहिता) स्त्री से पति द्वारा जनमा—औरस। 2. सुयोग्य पुरुष द्वारा स्वपत्नी से पैदा किया हुआ—प्रणीत। 3. खरीदे अथवा उधार लिये वीर्य द्वारा जनमा-परिक्रीत (इसे हम टेस्टट्यूब बेबी या फिर कृत्रिम गर्भाधान कहेंगे)। 4. विधवा के गर्भ में अन्य पुरुष द्वारा प्रस्थापित-यौनर्भव। 5. कन्यावस्था में जनमा—कानीन। 6. स्वैरिणी स्त्री के गर्भ से जनमा—गूढ़ अथवा कुंड। 7. माता-पिता ने जिसका दान किया हो—दंभ; 8. जिसकी खरीदी हुई हो, मूल्य चुकाया गया हो—क्रीत। 9. जो मात्र कृत्रिम हो, वह—उपक्रीत; 10. मैं आपका पुत्र हूँ, ऐसा कहकर जो स्वयं पुत्रपद पर प्रस्थापित हो—उपागत। 11. भाई या अन्य संबंधी की गर्भवती स्त्री के साथ विवाह करने के बाद जनमा—जात रेता सदोढ़ (इस प्रकार में भाई की सगर्भा स्त्री के साथ भी विवाह की परोक्ष सम्मति स्पष्ट होती है।) 12. हीन जाति की स्त्री द्वारा उत्पन्न किया हुआ—हीनयोनिधृत।

विचित्रवीर्य की विधवा पत्नियों के साथ व्यास के संबंध से कुरुवंश का सातत्य जारी रखा गया है। मात्र आपद्धर्म के रूप में और पुत्रप्राप्ति के लिए हुए इस संबंध की पूर्व शर्त यह है कि इसमें कामभावना का अभाव होता है; इतना ही नहीं पुरुष को घी जैसा चिकना पदार्थ शरीर पर पोतकर कुरूप होकर

स्त्री के पास जाना चाहिए, ऐसा भी संकेत है। इसके बावजूद स्त्री की ओर से संपूर्ण समर्पण और कर्तव्यभावना तथा आनंद की अभिव्यक्ति ही अपेक्षित है। रानी अंबिका तथा अंबालिका व्यास के समक्ष समर्पण नहीं कर सकीं और शारीरिक संबंध में आनंद भी प्राप्त नहीं कर सकीं, परिणामस्वरूप उनकी संतानें अंधे धृतराष्ट्र और निस्तेज पांडु जनमे। तीसरी बार व्यास के पास शयनकक्ष में गई दासी पूरी दैहिक और मानसिक तैयारियों के साथ संबंध के इन क्षणों को आनंदपूर्वक स्वीकार करती है अैर उसके पेट से विदुर जैसे धर्मात्मा का जन्म होता है; इतना ही नहीं, बल्कि इस संबंध के अंत में व्यास भी माता सत्यवती से कहते हैं कि आज मैं तृप्त हुआ हूँ।

पांडवों और धृतराष्ट्र के पुत्रों के जन्म की कथा भी ऐसे ही जाल में गुँथी है। कौमार्य अवस्था में ही जिस तरह माता सत्यवती ने मातृत्व प्राप्त किया था, उसी तरह कुंती भी माता बनी थी। सूर्य के मंत्र से कुमारी अवस्था में कुंती ने कर्ण को जन्म दिया था। मात्र मंत्रोच्चारों से पुत्रप्राप्ति की यह बात अन्य प्रकार से भी जाँच के योग्य है। सूर्य ने कुंती के साथ शारीरिक संबंध स्थापित किया है, ऐसा स्पष्ट उल्लेख महाभारत में है। भगवान् सूर्य ने कुंती के साथ समागम किया और उससे पुत्र जनमा, ऐसा असंदिग्ध रूप से लिखा है। यद्यपि पराशर ऋषि की तरह यहाँ भी भगवान् सूर्य ने समागम के बाद कुंती का कौमार्य वापस लौटाया है। राजा पांडु के साथ के वैवाहिक जीवन में संतति संभव नहीं, यह कुंती के जान लेने के बाद स्वयं पांडु ही कुंती को अन्य मार्ग से पुत्र प्राप्त करने का सुझाव देते हैं। पांडु संतानोत्पत्ति के लिए असमर्थ हुए, इसके पीछे भी एक कामप्रभावना की कथा है। असमर्थ पति के इस सुझाव को स्वीकार कर कुंती ने मंत्र द्वारा आमंत्रित किए गए देवों की सहायता से एक के बाद एक, तीन पुत्रों की प्राप्ति के बाद भी राजा पांडु जब पत्नी को और अधिक पुत्रों के लिए निर्देश देते हैं तो कुंती जो उत्तर देती है, वह अत्यंत ध्यान देने के योग्य है। कुंती कहती है, ''तीन से अधिक संतानों को जन्म देना शास्त्र की आज्ञा के विरुद्ध है। इस प्रकार से चौथी संतान प्राप्त करनेवाली स्त्री स्वेच्छाचारिणी कही जाती है और यदि वह पाँचवें पुत्र को जन्म देती है तो वह वेश्या ही कही जाएगी।'' पति के

सिवाय अन्य पुरुष द्वारा होने वाले पुत्र के विषय में भी जो धर्मसंगत नियम हैं, ये ध्यान में रखने लायक हैं। कुंती के बाकी के दो मंत्रों का उपयोग करके माद्री ने मातृत्व धारण किया।

हस्तिनापुर में रानी गांधारी अपने पति धृतराष्ट्र द्वारा ही गर्भवती तो हुई, पर उसकी यह गर्भावस्था दो वर्ष जितना समय तक लंबी हो गई थी। दो वर्ष के बाद भी गांधारी ने संतान को जन्म नहीं दिया बल्कि बलपूर्वक गर्भ का त्याग किया। मांस के लोथे जैसे इस गर्भ के महर्षि व्यास ने सौ टुकड़े करके अलग-अलग घड़े में उसका स्थापन किया और फिर एक बार इन घड़ों की गर्भावस्था और दो वर्ष लंबी चली। इस तरह गर्भस्थापन के बाद पूरे चार वर्ष में इन बालकों का जन्म हुआ। इस बीच गांधारी की गर्भावस्था के दौरान महाराज धृतराष्ट्र की सेवा के लिए रखी गई दासी द्वारा धृतराष्ट्र एक और पुत्र के पिता बने हैं। इदस पुत्र का नाम था युयुत्स। युयुत्स का जन्म गांधारी की गर्भावस्था के दौरान ही हो गया था, इसलिए वह सभी कौरवों में ज्येष्ठ पुत्र कहा जाएगा।

महाभारत में स्वीकृत सामाजिक मूल्यों अथवा हमारी रूढ़ हो चुकी नैतिक मान्यताओं को आघात पहुँचाए, इस तरह जनमे इन सभी पात्रों में स्त्री और पुरुष दोनों के बीच का सामान्य दैहिक व्यवहार तो अभिप्रेत है ही। विवाह के बंधन भले ही शिथिल रहे हों, परंतु सृजन के लिए जो सहज प्रक्रिया है, उसका अनुसरण तो इन सब के जन्म में हुआ ही है। महाभारत में ऐसे पात्रों का दूसरा एक वर्ग ऐसा भी है कि जिनके जन्म के लिए ऐसी प्रक्रिया का भी स्वीकार नहीं हुआ। ऐसे जन्म को महाभारतकार 'अयोनिजन्मा' कहता है। द्रोण ऐसे अयोनिजन्मा पात्रों में प्रथम स्थान पर हैं। द्रोण के पिता महर्षि भरद्वाज गंगातट पर स्नान करने गए तो वहाँ स्नान कर रही धृताची नामक अप्सरा को सद्य:स्नाता स्वरूप में वस्त्र बदलते हुए देखा और यह तपस्वी ऋषि उसके दर्शन मात्र से विचलित हो गए। इसके फलस्वरूप उनका वीर्यस्खलन हुआ। स्खलित हुए इस वीर्य को उन्होंने अपने साथ स्नान और पूजा के लिए लाए द्रोण यानी कि लोटे में एकत्र कर लिया। इस पात्र

में पड़े ऋषि के वीर्य से कालांतर में एक बालक का जन्म हुआ। द्रोण में से जनमे होने के कारण उस बालक का नाम भी पिता भरद्वाज ने 'द्रोण' रखा।

द्रोणाचार्य का विवाह जिस कन्या के साथ हुआ, उसका नाम कृपी था। कृपी और उसका भाई कृप दोनों भी महाभारत के अयोनिजन्मा पात्र हैं। महर्षि शरद्वान भी महर्षि भरद्वाज की तरह उर्वशी नामक अप्सरा को देखकर स्खलित हुए और यह स्खलित हुआ वीर्य घास पर पड़ा तथा इस घास में से दो बालकों न जन्म लिया जिनके नाम कृप और कृपी रखे गए। पिता शरदन तो वीर्यस्खलन होने के बाद तुरंत ही चल देते हैं और उन्हें इन संतानों के विषय में कोई जानकारी नहीं थी। घास पर पड़े दोनों बालकों को हस्तिनापुर के सैनिकों ने देखा और उनका लालन-पालन पितामह भीष्म ने राजकुल में किया। मातृ-पितृ विहीन परमात्मा की कृपा से जीवित रहे इन बच्चों का नामकरण भीष्म ने बहुत ही सोच-समझकर क्रमशः कृप और कृपी रखा था। आगे जाकर कृप कृपाचार्य होकर हस्तिनापुर के कुल पुरोहित के पद पर स्थापित हुए थे और कन्या कृपी का विवाह द्रोणाचार्य के साथ हुआ था। इसके उपरांत महाभारत के दो महत्त्वपूर्ण पात्र द्रौपदी और धृष्टद्युम्न का जन्म तो माता या पिता दोनों में से किसी की भी सहायता के बिना हुआ है। पुत्रेष्टि यज्ञ हमारे शास्त्रों में इच्छित पुत्रों की प्राप्ति के लिए वर्णित है। रामायण में राजा दशरथ ने भी पुत्रप्राप्ति के लिए पुत्रेष्टि यज्ञ किया था और इस यज्ञ के फलस्वरूप यज्ञदेवता से प्राप्त हुए प्रसाद को अपनी तीनों पत्नियों को खिलाया था। इस प्रसाद के परिणामस्वरूप ये स्त्रियाँ गर्भवती हुईं और कालांतर में उन्होंने पुत्रों को जन्म दिया। इसमें यज्ञदेवता का प्रसाद भले कारणभूत रहा हो, परंतु माता-पिता का अस्तित्व उनके जन्म में अनिवार्य माना गया है। महाभारत में द्रौपदी और धृष्टद्युम्न का जन्म यज्ञदेवता के प्रसाद के रूप में हुआ है, पर इसमें राजा द्रुपद या उनकी पत्नी का कोई योगदान नहीं। यज्ञवेदी में से ये दोनों भाई-बहन सीधे युवावस्था में प्रकट हुए थे, ऐसी कथा दी गई है। इस प्रकार ये दोनों पात्र, पहले जिनका उल्लेख किया गया है, उन अयोनिजन्मा पात्रों से अलग पड़ जाते हैं, क्योंकि उनके जन्म के लिए किसी भी दैहिक क्रिया का स्वीकार नहीं हुआ था।

यहाँ अब जिस मुद्दे का सवाल पैदा होता है, वह इतना ही है कि इस तरह से जनमे पात्र इतनी सदियों के बाद हमारे धर्म, इतिहास और संस्कृति के साथ किस तरह एकत्व साध सके होंगे? इस प्रकार जन्म हो भी सकता है क्या? यह प्रश्न अलग है। शरीरशास्त्र के नियमों के विपरीत प्रकार से ऐसा कैसे संभव हो सकता है, यह सवाल भी किया जा सकता है। परंतु पिछले दस-बीस वर्षों में हमारे आधुनिक विज्ञान ने प्रजनन क्षेत्र में जो नए अनोखे प्रयोग किए हैं और उसमें जो उपलब्धियाँ प्राप्त की हैं, उसे भी ध्यान में रखना चाहिए। माता के गर्भ के बिना अब हमें टेस्ट ट्यूब बेबी कोई अजायबी नहीं लगती। इसी तरह वीर्य बैंकों द्वारा कोई भी स्त्री इच्छानुसार इच्छित बालक प्राप्त कर सके, यह वास्तविकता भी आधुनिक विज्ञान ने अब दूर नहीं रहने दी है। जिस तरह आज के परमाणु शस्त्रों के सर्वव्यापी विनाश के मूल प्राचीन धनुर्विद्या द्वारा उल्लिखित ब्रह्मास्त्र या अन्य शक्तिशाली आयुधों में मिलते हैं, उसी तरह महाभारत के ये अयोनिजन्मा पात्रों को समझने की हमें कोशिश करनी चाहिए।

जन्म चाहे जिस तरह से हुआ हो, परंतु व्यक्ति का मूल्य उसके जन्म से नहीं बल्कि उसके कर्मों से आँकना चाहिए। महाभारतकार को शायद यही अभिप्रेत है। महर्षि भरद्वाज या महर्षि शरद्वान अपनी तपस्या के बाद भी भले विचलित हुए हों—यह चलायमान मन का क्षण उनकी दुर्बलता का क्षण था अथवा वो तप:पूत होने के बाद भी काम दुर्धर्ष हैं और यह अवांछनीय हो, तो भी तिरस्करणीय नहीं है, ऐसे ही किसी संकेत का इसके पीछे आयोजन हो, ऐसा माना जा सकता है। स्वयं कृष्णद्वैपायन व्यास इस प्रकार जनमे होने के बावजूद महाभारत में स्वयं कृष्ण के लिए वंदनीय और पूजनीय रहे हैं। मनुष्य हीन जन्म से नहीं बल्कि हीन कर्म करके हीन बनता है। यह कवि कथित सत्य मानो यहाँ चरितार्थ हुआ है। अश्वत्थामा जैसा पात्र संपूर्ण रीति सुयोग्य जन्म प्राप्त करता है। विद्वान् है, वीर है और सुपात्र भी है, फिर भी अपने जघन्य कर्मों के कारण वह तिरस्करणीय रहा है।

महाभारतकाल में यद्यपि पुरुषप्रधान संस्कृति का ही प्राधान्य रहा है, फिर भी स्त्रियाँ भी जब ऐसे स्खलनों में सहभागी बनी हैं तो उन्हें निंद्य नहीं माना

गया। माता सत्यवती समग्र कुरुकुल की सबसे अधिक वंदनीय पात्र हैं और सत्यवती भी कौमार्यावस्था में माता बन चुकी थीं; इतना ही नहीं, माता सत्यवती का जन्म भी उपरिचर नामक एक वसु के स्खलित हुए वीर्य से जल में रही एक मछली के पेट से हुआ था। यहाँ एक अलग प्रकार के जन्म की कथा है। ऊपर के सभी पात्रों में तो मानव नर-मादा का संयोग अथवा वियोग जन्म के लिए कारणभूत रहा है, परंतु सत्यवती के जन्म में तो मानव नर और जलचर प्राणी की मादा, इन दोनों के प्राणी-सृष्टि के विरुद्ध सहयोग की कथा है।

महाभारतकार को जो कहना है, उसे पितामह भीष्म के माध्यम से उन्होंने संभवत: सांकेतिक रूप से कह दिया है। जीवन की अंतिम श्वास शरशय्या पर ले रहे पितामह से जीवन का ज्ञान प्राप्त करने के लिए पांडव सपरिवार एकत्र होते हैं। पौत्र युधिष्ठिर पितामह से सभी स्त्रीगण, जिसमें पत्नी, अनुज पत्नी और माताएँ शामिल हैं, उनकी उपस्थिति में ही पूछते हैं, "हे पितामह, काम का महत्त्व क्या होता है और काम भोग रहे स्त्री-पुरुष दोनों में कौन अधिक आनंद प्राप्त करता है?" इस प्रश्न के उत्तर में, जिन्होंने जीवन में कभी यह आनंद प्राप्त किया ही नहीं, ऐसे पितामह भीष्म जो कहते हैं, वह आधुनिक कामशास्त्र के वैज्ञानिकों के भी समझने लायक है।

एक राजा का उदाहरण देकर भीष्म कहते हैं कि वह राजा सौ पुत्रों का पिता था। सौ पुत्रों की प्राप्ति के बाद एक बार मृगया खेलने के लिए वह जंगल में गया और वहाँ एक सरोवर में उसने स्नान किया। सरोवर का यह क्षेत्र किसी शाप के कारण पुरुष के लिए प्रतिबंधित था। यहाँ स्नान करने के कारण राजा का शरीर नारी देह में परिवर्तित हो गया। स्त्रीदेहधारी यह राजा ऐसा लज्जित हो गया कि उसने पुन: राज्य में जाने का विचार ही छोड़ दिया, और जंगल में ही एकांतवास करने लगा। अरण्यवास के दौरान किसी अन्य राजा ने इस स्त्रीदेहधारी राजा को देखकर उस पर मोहित होकर उसने उसके साथ विवाह किया। इस नए वैवाहिक जीवन से उसे दूसरे सौ पुत्र प्राप्त हुए। इसके बाद जब स्त्रीदेहधारी यह राजा अपना परिचय देता है, तो जिसके कारण वह सरोवर शापित हुआ था, वह देव

राजा को शाप से मुक्त होने के लिए कहता है। स्त्रीदेह में से मुक्त होकर पुनः पुरुषदेह में प्रवेश करने से यह राजा अब अस्वीकार करता है और इसका कारण बताते हुए कहता है कि एक स्त्री के रूप में वैवाहिक जीवन का आनंद अधिक उत्कटता से वह उठा सकता है, इसलिए वह नारीदेह पसंद करता है।

आज भी इस विषय में आधुनिक विज्ञान विश्वासपूर्वक कुछ कहने की स्थिति में नहीं है। इस विषय में ढेर सारे मतांतर रहनेवाले ही हैं। काम स्त्री और पुरुष दोनों के बीच प्रयोजित एक सामान्य तत्त्व है, फिर भी हमने सहजभाव से यह स्वीकार कर लिया है कि पुरुष भोक्ता है और स्त्री भोज्य है। महाभारतकार इस काम व्यवस्था का अद्‌भुत ऊर्ध्वीकरण करके मानो भावी पीढ़ियों को संकेत देता है कि यह एक पवित्र रचना है। सहज कर्म है। इसमें कोई भोक्ता नहीं और न ही कोई भोज्य है। सृजन प्रक्रिया कभी कलुषित नहीं हो सकती है। महत्त्व उसके परिणाम का है, इसके पीछे की भावना का है और सृजन के क्षण स्त्री और पुरुष दोनों में किन भावों का प्राधान्य है, यह अधिक महत्त्वपूर्ण है। दोनों के बीच एक-दूसरे को आत्मसात् करने की मनोवृत्ति, फिर रीले ही इन संबंधों को विवाह या ऐसे किसी सामाजिक स्वीकार का नाम न मिला हो, तो भी इसमें निहित पवित्रता दूषित नहीं। इसका अर्थ यह नहीं कि अमर्यादित विलास या स्वेच्छाचारी भोग को स्वीकृति प्राप्त होती है। विचित्रवीर्य या पांडु इसके उदाहरण हैं। तीन पुत्रों की प्राप्ति के बाद मंत्र होने के बावजूद पति के सिवाय अन्य पुरुष से पुत्रप्राप्ति को निंद्य समझनेवाली कुंती इस बात का समर्थन करती है।

महाभारत की व्याप्ति में सौंदर्य ढूँढ़ने के लिए पाठक को स्वयं प्रयास करना पड़ता है। उसमें भी कामभावना तो एक अत्यंत जटिल भावना है। महाभारत के घटाटोप में जब यह जटिलता मिलती है तो उसमें से सूचितार्थ व संकेतार्थ प्राप्त करने के लिए व्यक्ति को सदेह नहीं, विदेह बनना पड़ेगा। जो यह शर्त पूरी नहीं कर सकता है, उसके लिए ये अनर्थ हैं अन्यथा महाअर्थ हैं।

□

8

व्यापक धर्म का अनुसरण

सामान्य व्यावहारिक जीवन में कई बार क्या करना और क्या नहीं करना चाहिए, ऐसा सवाल पैदा होता रहता है। अलग-अलग व्यावहारिक भूमिका हम निभाते हैं और इसमें दो भूमिकाओं के बीच में कई बार विसंवाद या घर्षण (संघर्ष) पैदा होता है। यहाँ धर्म का सवाल खड़ा होता है। धर्मों के बीच संघर्ष की परिस्थिति पैदा हो जाती है। ऐसे समय व्यक्ति को अपने और अन्य के हित या अहित को समझकर निर्णय करना चाहिए। इस विषय में महाभारत की किन्हीं विशेष घटनाओं से मार्गदर्शन मिल सकता है क्या?

जीवन कदम-कदम पर द्वंद्वों से भरा है। राग-द्वेष, पसंद-नापसंद, श्रेय-प्रेय, स्वजन-परजन, इस प्रकार अनेक द्वंद्वों के बीच व्यक्ति को किसी एक का चुनाव करना पड़ता है। व्यावहारिक जीवन में एक ही व्यक्ति घटनाक्रम के अनुसंधान में अलग-अलग भूमिकाएँ भी निभाता है। अनेक बार ये भूमिकाएँ परस्पर भिन्न होती हैं और कहीं-कहीं तो विरोधाभासी भी हों, ऐसी परिस्थिति का निर्माण होता है। ऐसे प्रसंग में विकल्प का चुनाव करने में धर्म का सवाल खड़ा होता है। कभी-कभी ऐसा भी होता है कि प्राप्य विकल्पों में दोनों ही

धर्मसंगत लगते हैं अथवा अधर्मयुक्त लगते हैं। यहाँ चुनाव अधिक विकट बन जाता है।

प्राय: होता यह है कि व्यक्ति स्वयं जो मार्ग चुनता है, उसे धर्मसंगत मानने और मनवाने के लिए वह तर्कसंगत दलीलें ढूँढ़ निकालता है। धर्म है, इसलिए इसका मैं अनुसरण करता हूँ, ऐसा होने के बजाय, मैं अनुसरण करता हूँ इसलिए यह धर्म है, ऐसा व्यक्ति ढूँढ़ निकालता है। इसमें रोचक बात तो यह है कि बड़े-से-बड़े दुष्कृत्य को भी व्यक्ति धर्म का सहारा देने में हिचकता नहीं है। धर्म की आड़ लिये बिना उसका बिल्कुल काम नहीं चलता, यह हकीकत हमारे जीवन पर धर्म ने कैसा अनादि, शाश्वत और सार्वत्रिक प्रभाव डाला है, इसका ही द्योतक है।

इसके विपरीत बहुत से लोग सही अर्थ में धर्म क्या है और अधर्म क्या है, इसे शायद ही जानते हैं। जीवन की सबसे विषम परिस्थिति होती तो यह है कि हम कभी-कभी धर्म क्या है और अधर्म क्या है, यह जान रहे होते हैं, तो भी धर्म का पालन नहीं कर सकते हैं और अधर्म का त्याग नहीं कर पाते हैं। महाभारत में दुर्योधन ऐसा एक पात्र है। (दुर्योधन की यह बात महाभारत के अधिकृत पाठ में नहीं है। पर दाक्षिणात्य आवृत्तियों में इसका उल्लेख मिलता है।)

एक स्थान पर दुर्योधन कहता है—

जानामिधर्मम् न च मे प्रवृत्ति।
जानाम्यधर्मम् न च मे प्रवृत्ति॥

अर्थात् धर्म जानता हूँ, किंतु पालन नहीं कर सकता और अधर्म भी जानता हूँ, परंतु उससे निवृत्त नहीं हो सकता। जीवन का यह सबसे करुण पल है। पर इस करुण पल में ऐसा व्यक्ति अन्य सभी से दो अंगुल ऊँचा भी हो जाता है; क्योंकि यह ज्ञान होना और उसका प्रकट स्वीकार करना, यह भी कोई सामान्य बात नहीं है। महाभारत में अन्यत्र एक बार विदुर के मुँह से और एक बार कृष्ण के मुँह से ऐसे धर्मसंकट में कौन सा मार्ग स्वीकार करें, इस विषय में एक मार्गदर्शक श्लोक बोलवाया गया है—

त्यजदेकं कुलस्यार्थे ग्रामस्यार्थे कुलं त्यजेत्।
ग्रामं जनपदस्यार्थे आत्मार्थे पृथ्वीं त्यजेत॥

अर्थात् दो धर्मों अथवा कर्तव्यों के बीच जब स्पष्ट विरोधाभास खड़ा हो तो व्यापक धर्म का अनुसरण करना चाहिए और छोटे धर्म का त्याग करना चाहिए। इस श्लोक में यह विभावना इस प्रकार समझाई गई है। कुल के लिए व्यक्ति का त्याग करना चाहिए, ग्राम के लिए आवश्यक होने पर कुल का त्याग करना चाहिए, देश के लिए ग्राम का त्याग करने में नहीं हिचकना चाहिए और आत्मा की विशुद्धि के लिए तो समग्र पृथ्वी को भी तज देना चाहिए।

इस प्रश्न को महाभारत के संदर्भ में हम दो भागों में बाँट सकते हैं। महाभारत में कई प्रसंग स्वतंत्र रूप से जाँचे जा सकते हैं। अन्य कई प्रसंग महाभारत के मुख्य पात्रों के द्वारा ली गई प्रतिज्ञा के संदर्भ के मूल्यांकित किए जा सकते हैं। महाभारत के घटनाचक्र में इन प्रतिज्ञाओं का विशेष स्थान है। इस प्रतिज्ञापालन की बात हम बाद में जाँचेंगे।

राजा धृतराष्ट्र का प्रथम कर्तव्य राजधर्म का पालन है। इस राजधर्म को एक विशिष्ट दृष्टि अभिप्रेत है। धृतराष्ट्र ने इस राजधर्म का पालन सर्वत्र किया है, परंतु राजधर्म और पुत्र–स्नेह पुत्रमोह में बदल जाता है। मोह प्रेम जैसे उदात्त तत्त्व का अवमूल्यन है। राजा धृतराष्ट्र ने राजधर्म के पालन के विरुद्ध जाकर पुत्रमोह का अनुकरण किया। पांडवों को वारणाव्रत भेजने के पीछे दुर्योधन का जो कुतर्क था, उसे अस्वीकार करने के बदले पुत्रमोह के कारण धृतराष्ट्र ने राजधर्म में शिथिलता दिखाई। इसी प्रकार पांडवों को द्यूत खेलने के लिए अपने नाम से निमंत्रण भेजना पुत्रमोह था। राजधर्म का यहाँ भी भोग लिया गया। हस्तिनापुर के राजा के रूप में कृष्ण ने जो संधि प्रस्ताव प्रस्तुत किया था, उसे स्वीकार करना जनपद के हित में था, इसके बावजूद धृतराष्ट्र ने इस व्यापक धर्म की रक्षा करने के बदले पुत्रमोह का ही संवर्धन किया। इसके विपरीत माता गांधारी ने युद्ध के अठारह दिनों के दौरान प्रतिदिन प्रात:काल विजयश्री का आशीर्वाद लेने के लिए माता को प्रणाम करते पुत्रों को एक ही वाक्य कहा है— ''यतो धर्मो ततो जय:''। इसका अर्थ यह हुआ कि राजरानी के रूप में गांधारी

ने दो धर्मों के बीच संघर्ष के क्षण में जो धर्म अधिक व्यापक है, उसका अनुसरण किया है। यहाँ एक रसप्रद निरीक्षण भी किया जा सकता है। धृतराष्ट्र–जन्मांघ हैं, उसने कभी प्रकाश देखा ही नहीं। गांधारी का अंधत्व स्वैच्छिक अंधापन है। प्रकाश के विषय में उसे पर्याप्त अनुभव है। सत्य अंघत्व के आर–पार भी प्रकाश फैला सकता है, परंतु उसकी पूर्व शर्त यह है कि व्यक्ति के जीवन में कभी कहीं प्रकाश का साक्षात्कार हुआ होना चाहिए।

महायुद्ध को टालने के अंतिम प्रयास के रूप में कृष्ण जब दूत बनकर हस्तिनापुर आए तो द्रौपदी को उन्होंने आश्वस्त किया था कि जिस तरह तुमने इतने वर्ष रुदन किए हैं, उसी तरह अब तुम्हारे शत्रुओं की स्त्रियाँ आक्रंद करेंगी। इसके बावजूद विष्टि (संधि प्रस्ताव) में असफल हो जाने के बाद अंतिम प्रयास के रूप में कृष्ण ने कर्ण को कौरवपक्ष से पांडवपक्ष में मोड़ने के प्रयास किए हैं। इस प्रयास में कर्ण के समक्ष द्रौपदी का प्रलोभन देने में भी कृष्ण ने संकोच नहीं किया। कर्ण यदि पांडवपक्ष में आ जाए तो ज्येष्ठ पांडव के रूप में राज्य तो उसे मिलेगा ही, माता कुंती की अज्ञानुसार पाँच भाइयों की संयुक्त पत्नी द्रौपदी अब से छह भाइयों की पत्नी हो जाएगी, यह कहते हुए भी कृष्ण हिचकिचाए नहीं।

निस्संदेह चौंक उठें, ऐसी यह बात है। पर यहीं कृष्ण के कृष्णत्व का रहस्य छिपा है। ऊपर उद्धृत किए हुए श्लोक का सच्चे अर्थ में अनुसरण भी कृष्ण ने यहीं किया है। युद्ध का निवारण करना महाधर्म था। युद्ध में जो संहार होता, वह समग्र समाज को और भावी पीढ़ियों को भी प्रभावित करनेवाला था। छोटे धर्म और बड़े धर्म के बीच किसी एक को यहाँ चुनना या। द्रौपदी का प्रतिशोध शांत हो, यह द्रौपदी और कृष्ण के लिए व्यक्तिगत संतोष की बात है। परंतु इस वैर को भूलकर द्रौपदी अर्जुन के आजीवन शत्रु कर्ण की पत्नी बन जाए, इस प्रस्ताव में व्यक्ति के ऊपर समष्टि के धर्म का प्रभाव रहा है। भले द्रौपदी का बलिदान लिया जा रहा हो, भले कृष्ण के विषय में आनेवाले कल का इतिहास दूसरा कुछ कहता हो, पर समष्टि के व्यापक हित की सर्वप्रथम रक्षा होनी चाहिए, यह बात कृष्ण के इस व्यवहार का संकेत है।

दो धर्मों के बीच जब संघर्ष पैदा हो, तब किस धर्म को बड़ा मानना चाहिए और किस धर्म को छोटा, यह बात भी यहाँ स्पष्ट कर देनी चाहिए। जिसमें व्यक्ति का स्वयं का हित बिल्कुल न हो अथवा उसका निजी हित कम-से-कम हो, उस धर्म को व्यापक धर्म मानना चाहिए। उदाहरण के रूप में महायुद्ध को रोकने के लिए कृष्ण ने जो उपर्युक्त व्यवहार किया है, उसमें कृष्ण की व्यक्तिगत प्रतिष्ठा धूमिल हो, ऐसा है; इतना ही नहीं, प्रिय सखी द्रौपदी के मन को असंतोष हो, ऐसी संभावना भी है; इसके बावजूद कृष्ण ने अपने और द्रौपदी के मूल्य पर यदि समग्र आर्यावर्त का कल्याण होता हो तो यह मार्ग अपनाने की तत्परता दिखाई है।

युद्ध के अंत में महाराज युधिष्ठिर अतिशय उद्विग्न हो गए हैं। ऐसा राज्य-सिंहासन भोगने के बजाय मृत्यु ही अधिक श्रेय है, ऐसा उन्हें लगता है। उस समय महर्षि व्यास आदि ऋषि उन्हें धर्म के विषय में सूक्ष्म ज्ञान देते हैं। यहाँ युधिष्ठिर के मन में जो वैराग्य व्याप्त था, वह वैराग्य उनके समक्ष के तत्कालीन राजधर्म के विरुद्ध था। वैराग्य ऊँचा धर्म हो तो भी उस समय तो युधिष्ठिर के लिए आर्यावर्त में जो शून्यावकाश निर्मित हो गया था, उसे भर देना ही सार्वत्रिक धर्म था। युधिष्ठिर को अपने इस वैराग्यभाव का त्याग करके भी राज्य, प्रजा और समग्र जनसमूह के हित के लिए सिंहासनारूढ़ होना चाहिए। यहाँ प्रश्न व्यापक धर्म की रक्षा का है। युधिष्ठिर ने इस व्यापक धर्म का अनुसरण किया।

इसमें सर्वाधिक महत्त्व की बात यह है कि व्यक्ति को ईमानदारी से निष्ठापूर्वक अपने स्वार्थ और समष्टि के हित के लिए आवश्यक धर्मभावना, इन दोनों के बीच की विभाजक रेखा समझ लेनी चाहिए। ऐसा संभव है कि यह समझ लेने के बाद जो अनुसरण हो, उससे अपार व्यक्तिगत नुकसान हो और तात्कालिक अपयश भी मिले, पर धर्मपालन तो असिधारा व्रत है।

महाभारत के घटनाक्रम में उसके मुख्य पात्रों द्वारा समय-समय पर ली गई प्रतिज्ञाओं ने महत्त्वपूर्ण योगदान किया है। आज के व्यावहारिक जगत् में हम प्रतिज्ञा शब्द का प्रयोग संकल्प अथवा निश्चय विशेष के अर्थ में करते हैं।

अधिक स्पष्ट रूप में कहें तो अमुक कार्य करने या न करने की मानसिक प्रतिबद्धता का इसमें समावेश होता है। इस प्रतिबद्धता के कारण जो परिस्थितियाँ जाने-अनजाने निर्माण हुईं, उनमें करने योग्य कार्य, न करने योग्य कार्य? यानी कि धर्म और अधर्म के बीच संघर्ष पैदा होता है। व्यक्तिगत प्रतिबद्धता विरुद्ध व्यापक हित जैसे प्रश्नों पर भी विचार किया जा सकता है।

भीष्म ने माता सत्यवती के पिता दास्यराज के समक्ष आजीवन ब्रह्मचर्य की प्रतिज्ञा ली थी। उनके इस भीषण कृत्य के कारण ही कुमार देवव्रत 'भीष्म' कहलाए। घटनाक्रम ने ऐसा मोड़ लिया कि हस्तिनापुर का सिंहासन उत्तराधिकारी-विहीन हो गया। राजा विचित्रवीर्य अतिशय भोग-विलास के कारण अकाल और अपुत्र मृत्यु को प्राप्त हुए। अब हस्तिनापुर के सिंहासन पर आरूढ़ होने के लिए कुरुवंश के एकमात्र वंशज भीष्म ही उपलब्ध थे। माता सत्यवती ने भीष्म को उनकी प्रतिज्ञा से मुक्त करके विवाह कर लेने और सिंहासन सँभाल लेने का अनुरोध भी किया था। भीष्म की प्रतिज्ञा के हेतु को यदि लक्ष्य में लें तो ब्रह्मचर्य की प्रतिज्ञा माता सत्यवती की संतानों के राजसिंहासन पर अबाधित अधिकार की हमेशा के लिए रक्षा करने को थी। अब नई उपस्थित हुई परिस्थिति में उनकी यह प्रतिज्ञा निरर्थक थी। जिनके लिए यह प्रतिज्ञा ली गई थी, वही माता सत्यवती अब स्वयं उससे मुक्ति दे रही थीं। एक ओर भीष्म का व्यक्तिगत धर्म था, दूसरी ओर राजधर्म था। भीष्म ने महाभारत की उदात्त भावना की यहाँ अवज्ञा की है, ऐसा लगे बिना नहीं रहता। उन्होंने राजधर्म की व्यापक भावना के मूल्य पर व्यक्तिगत प्रतिज्ञा के धर्म को शब्दार्थ में अक्षुण्ण रखा। माता की इच्छा के अनुसार यदि उन्होंने प्रतिज्ञा मुक्ति को स्वीकार किया होता तो महाभारत का महासंहार हुआ ही न होता।

जीवन के आरंभ में व्यक्तिगत धर्म को समष्टि के प्रति अपने धर्म को अधिक महत्त्व देने की भीष्म की यह विभावना वैसी की वैसी ही अंतकाल में भी देखी जा सकती है। कौरव सेनापति के रूप में उनका धर्म दुर्योधन के लिए विजय प्राप्त करने का था। यहाँ भी पूर्व जीवन में कन्या रह चुके शिखंडी के समक्ष वे शस्त्रत्याग करते हैं। स्त्री के विरुद्ध शस्त्राघात न हो, यह भीष्म का व्यक्तिगत

धर्म था। राम ने ताड़का का और कृष्ण ने पूतना का वध आखिरकार किया ही था। ये दोनों भी तो स्त्री ही थीं। धर्म के सूक्ष्म तत्त्व को पूरा-पूरा जानते हुए भी भीष्म शिखंडी की आड़ में लड़ रहे अर्जुन के समक्षा एक तरह से आत्मसमर्पण ही कर देते हैं और इस तरह व्यक्तिगत धर्म की रक्षा करते हैं; किंतु पक्ष-विजय का व्यापक धर्म तो उपेक्षित ही रहा, ऐसा कहा जा सकता है।

आचार्य द्रोण भीष्म के पतन के बाद कौश्व सेनपति बने। कौरव सेनापति के रूप में उनका धर्म भी दुर्योधन की विजय हो, ऐसा ही करना था। युद्ध के पंद्रहवें दिन पुत्र अश्वत्थामा की मृत्यु हो गई है, ऐसा कर्णोपकर्ण वृत्तांत जानकर उन्होंने अपने व्यापक धर्म को तिलांजलि दी और पुत्रमोह के वश हो गए। पुत्रमोह व्यक्तिगत विभावना है। पक्ष विजय व्यापक धर्म है। द्रोण ने भी यहाँ व्यापक धर्म के मूल्य पर व्यक्तिगत धर्म का अनुसरण किया।

तीसरे कौरव सेनापति के रूप में आरूढ़ हुआ कर्ण स्वयं जन्मदत्त कवच और कुंडल से अवध्य और सुरक्षित है, यह जानते हुए भी वह कवच-कुंडल ब्राह्मण वेशधारी इंद्र को दान कर देता है। कोई भी ब्राह्मण कोई भी याचना करे तो उसकी वह याचना वह अवश्य पूरी करेगा, ऐसी व्यक्तिगत प्रतिज्ञा कर्ण ने ली थी। ब्राह्मण वेशधारी इंद्र कर्ण की इस प्रतिज्ञा के शब्दार्थ का दुरुपयोग करके अनुचित लाभ लेना चाहता था। कर्ण यह बात अच्छी तरह जानता था। कवच-कुंडल का यह दान यानी व्यक्तिगत धर्म की रक्षा; पर इसका सहज अंत कर्ण के वध और अर्जुन की विजय के रूप में ही आना था। इस प्रकार यहाँ भी कर्ण ने व्यापक धर्म के मूल्य पर व्यक्तिगत धर्म की रक्षा की है।

कर्ण के कौरव सेनापति के रूप में दो दिन के दौरान एक दूसरे प्रसंग का भी उल्लेख किया जा सकता है, जिसमें कर्ण ने व्यक्तिगत धर्म की रक्षा की है और व्यापक धर्म की अवेहलना की है। माता कुंती को उसने युद्ध की पूर्वसंध्या पर वचन दिया है कि युद्ध में वह अर्जुन के सिवा किसी भी अन्य पांडव का वध नहीं करेगा। युद्ध के सत्रहवें दिन युधिष्ठिर को गरदन पर शस्त्र रखकर यह भी कहा कि तेरा घात करना अत्यंत सरल है। कर्ण ने यदि उसी समय युधिष्ठिर का वध कर दिया होता तो उसके व्यक्तिगत वचन का अवश्य

भोग चढ़ गया होता और कर्ण की प्रतिष्ठा भी धूल धूसरित हो गई होती, परंतु जिस पक्ष से वह लड़ रहा था, उस पक्ष को तो उसने अवश्य ही विजय दिला दी होती।

इसके विपरीत पक्ष में कृष्ण का उदाहरण देखना भारी रसप्रद है। कृष्ण ने इस युद्ध में निःशस्त्र रहने की प्रतिज्ञा ली थी। कृष्ण अपने इस व्यक्तिगत धर्म को दो बार छोड़ने के लिए तैयार हुए हैं। पितामह भीष्म भीषण युद्ध कर रहे थे और पांडव सैन्यदल सर्वत्र पराजित हो रहा था। उस समय भीष्म को रोकना अनिवार्य था। भीष्म का प्रतिकार करने का सामर्थ्य एकमात्र अर्जुन में ही था, परंतु पितामह के प्रति पुत्रधर्म से प्रेरित अर्जुन अभी भी पूरी तरह मोहमुक्त नहीं हो सकता था, इसलिए अपने पूरे सामर्थ्य से वह पितामह का प्रतिकार नहीं कर रहा था। कृष्ण की विलक्षण दृष्टि ने इसे भाँप लिया और यदि यह युद्ध और थोड़ी देर तक चला और भीष्म इसी तरह लड़ते रहे तो पांडवों की हार अंकित हो जाए, यह असंदिग्ध था। पांडवों की पराजय का अर्थ था—धर्म की पराजय और अधर्म की विजय। यहाँ कृष्ण के समक्ष दो विकल्प थे। निःशस्त्र रहने की अपनी प्रतिज्ञा से शब्दार्थ और लक्ष्यार्थ दोनों दृष्टियों से चिपके रहकर व्यक्तिगत धर्म की रक्षा करें अथवा प्रतिज्ञा भंग का अपयश अपने मस्तक पर लेकर कौरवों की, यानी व्यापक अधर्म की विजय को रोक दें। कृष्ण ने दूसरे विकल्प को चुना। व्यक्तिगत धर्म के मूल्य पर उन्होंने व्यापक धर्म की रक्षा की। भीष्म का प्रतिकार करने के लिए उन्होंने स्वयं शस्त्र ग्रहण किया और उनका वध करने के लिए वे तेजी से आगे बढ़े। व्यक्ति की अपेक्षा समष्टि अधिक महान् है, इसका कृष्ण ने यहाँ उज्ज्वल उदाहरण प्रस्तुत किया है।

कई बार महाभारत युद्ध के दोनों पक्षों के बलाबल का परीक्षण करने पर यह प्रश्न भी पैदा होता है कि कौरव पक्ष में भीष्म, द्रोण, कर्ण, अश्वत्थामा, दुर्योधन जैसे महासमर्थ योद्धा थे। विपक्षी पांडवों के पास इन सब का प्रतिकार कर सकें, ऐसे मात्र दो योद्धा थे। अर्जुन और भीम। कौरवों के सैन्य का संख्याबल ग्यारह अक्षौहिणी था। विरोध पक्ष में पांडवों का संख्याबल मात्र सात अक्षौहिणी

था। इस प्रकार स्पष्ट रूप से कौरव पक्ष अधिक प्रबल था। इसके बावजूद विजयश्री ने पांडवों का ही वरण किया, इसका रहस्य क्या हो सकता है? पांडवों के पक्ष में कृष्ण थे और यह कृष्णत्व ही पांडवों को विजय मार्ग पर खींच ले गया, ऐसा कहा जा सकता है; पर एक और वास्तविक तथा व्यावहारिक निरीक्षण करने लायक है। लगभग सभी कौरव सेनानी अपनी व्यक्तिगत विभावनाओं के लिए युद्ध कर रहे थे; इतना ही नहीं, भीष्म और द्रोण जैसे सेनानी तो मन-ही-मन पांडवों की विजय की इच्छा भी कर रहे थे। विपक्ष में तमाम पांडव योद्धा किसी व्यक्तिगत भावना को अग्रस्थान देकर युद्ध नहीं कर रहे थे। पक्ष की सार्वत्रिक विजय की एकमात्र भावना पांडव-पक्ष के तमाम सेनानियों में बलवत्तर थी।

कवच-कुंडल का दान कर्ण के पास से प्राप्त करनेवाले इंद्र ने कर्ण को एक अमोघ शक्ति का शस्त्र दिया था। इस शस्त्र का उपयोग कर्ण जिस पर भी करे, वह अचूक सफल होगा ही और शत्रु का वध निश्चित रूप से होगा, ऐसी इस शस्त्र की शक्ति थी, कृष्ण यह जानते थे। वास्तव में इस शस्त्र का प्रयोग कर्ण अर्जुन पर ही करना चाहता था। परंतु कर्ण और अर्जुन के बीच द्वंद्वयुद्ध हो, उसके पहले ही कृष्ण ने भीम-पुत्र घटोत्कच का भोग दिया। घटोत्कच अत्यंत समर्थ और वीर योद्धा था। उसे जुनून के साथ कौरवों पर आक्रमण करने का निर्देश देकर कृष्ण ने एक तरह से कर्ण की उस अमोघ शक्ति ही व्यर्थ कर डाली है। यहाँ घटोत्कच का भोग अर्जुन के लिए लिया है। अर्जुन का जीवन पांडव पक्ष के लिए घटोत्कच की अपेक्षा अधिक उपयोगी था। चुनाव यदि घटोत्कच और अर्जुन, इन दो विकल्पों के बीच करना हो तो व्यापक हित की दृष्टि से अर्जुन का जीवन अधिक मूल्यवान था। यह बात कृष्ण जिस प्रकार समझे और उस पर अमल किया, उसके विपरीत उसका दर्शन कौरवपक्ष में हुआ है। घटोत्कच के दुःसह्य आक्रमण के सामने दुर्योधन ने थोड़े समय के तात्कालिक लाभ का आकलन करके कर्ण से उसकी उस अमोघ शक्ति का प्रयोग करवाया। कवच-कुंडल से विहीन हुआ कर्ण भी इस शस्त्र का मूल्य समझता था, इसके बावजूद उसने कौरवपक्ष की व्यापक विजय के आकलन को लक्ष्य में लेने के बावजूद इस शक्ति का प्रयोग

घटोत्कच के विरुद्ध किया। घटोत्कच मारा गया और अर्जुन अब अजेय बन गया। घटोत्कच की मृत्यु वास्तव में तो कर्ण की ही मृत्यु थी और कर्ण की मृत्यु का अर्थ था—कौरवपक्ष की पराजय। यहाँ भी लंबी अवधि के लाभ के मूल्य पर कम अवधि का हित सिद्ध किया गया था।

जीवन में संघर्ष पैदा ही न हों, ऐसी कल्पना जीवन को न समझने जैसा भोलापन है। ऐसे संघर्षों का सहज स्वीकार करके, उसमें से हल ढूँढ़ना सिद्धि है, और इस सिद्धि को प्राप्त करने के लिए महाभारत मार्गदर्शक रेखाएँ हमारे समक्ष प्रस्तुत करता है।

□

9

त्याग का स्थान सर्वोपरि

भीष्म का त्याग, कृष्ण की अनासक्ति, कर्ण का औदार्य, युधिष्ठिर द्वारा अपने शासनकाल में किए गए राजसूय और अश्वमेघ यज्ञ तथा स्वयं अनेक यज्ञ और प्रभूत दान किए जाने पर दुर्योधन द्वारा मृत्यु के समय व्यक्त किया गया संतोष, यह सब क्या ऐसा संकेत नहीं देते हैं कि त्याग, अनासक्ति या दान अपनी सर्वोच्च भूमिका पर जिनके पास कुछ है, उनका ही भूषण है? जिनके पास कुछ नहीं, ऐसे निम्न स्तर के लोग क्या उनकी बराबरी कर ही नहीं सकते? इसका अर्थ क्या यह है कि महाभारत जो % ।।ङ्ढ1द्धह्य% हैं, उन्हें ही गौरव देता है और जो ।।ङ्ढ1द्ध-ड्डथ्ल्ह्य हैं, उनके विषय में मौन है? जिनके पास सत्ता, संपत्ति या ज्ञान जैसा कुछ नहीं अथवा न के बराबर है, वे इसका अनुसरण कैसे कर सकते हैं?

महाभारत के केंद्र में मनुष्य है और महाभारतकार ने गा-बजाकर कहा है कि—

मुक्तं ब्रह्या तदिदं वो ब्रवीमि।
न मानुषाच्छ्रेष्ठतरं हि किञ्चित्॥

अर्थात्, एक अति गुह्य तत्त्व कहता हूँ कि मनुष्य से श्रेष्ठ दूसरा कुछ नहीं। भीष्म से लेकर अभिमन्यु तक के तमाम पात्रों के आलेखन और घटनाचक्र द्वारा केंद्र में स्थित मनुष्य को अधिक-से-अधिक व्यापक स्वरूप में समझने की यह समग्र रचना है। मनुष्य को उसके तमाम सकारात्मक और नकारात्मक पहलुओं के साथ परखने का कार्य अत्यंत दुष्कर है। मनुष्य एक अतिशय संकुल रचना है। इसके विषय में जितना जाना जा सका है, उससे अनेक गुना अधिक अज्ञात रहता है। अज्ञात के इस प्रदेश को पहचानने के लिए महाभारतकार ने मुख्य कथानकों के साथ उपाख्यानों या उपकथानकों को भी जोड़ा है। सही कहें तो एक लाख श्लोकों के महाग्रंथ महाभारत में बमुश्किल एक-तिहाई भाग के श्लोकों का ही संबंध मूल कथानक से है। शेष दो-तिहाई भाग के श्लोक ऐसे उपाख्यानों के लिए ही रचे गए हैं। परंतु अधिकांश भाग के ये उपाख्यान महाभारत के मूल हार्द को अधिक स्फुट करें, इस प्रकार आलेखित किए गए हैं।

राग और त्याग के वैकल्पिक द्वंद्व में त्याग को ऊँचा स्थान प्राप्त हुआ है। राग की अनुभूति का साक्षात्कार किए बिना यदि कोई त्याग की प्रशस्ति करता है तो वह झूठ है। परशुराम ने समग्र पृथ्वी को क्षत्रिय-विहीन करने के बाद जीती हुई इस तमाम भूमि का दान कर दिया था और स्वयं अकिंचन बनकर फिर एक बार अपने आश्रमधर्म को स्वीकार कर लिया था। परशुराम के पास भूमि या धन प्राप्त करने के लोभ में द्रोणाचार्य अपने पूर्व जीवन में गए थे। द्रोण को जो अभीप्सित था, ऐसा कोई धन परशुराम के पास बचा नहीं था। परंतु द्वार पर आया याचक ब्राह्मण खाली हाथ वापस न जाए, इसके लिए परशुराम ने उन्हें अपने पास जो शस्त्र विद्या थी उसका दान किया था। इस प्रकार दान की अपार महिमा का वर्णन महाभारतकार ने किया है।

युधिष्ठिर ने अपने शासनकाल के दो चरणों में अलग-अलग यज्ञ किए थे। इंद्रप्रस्थ में पहले शासनकाल के दौरान उन्होंने राजसूय यज्ञ किया था और

इस यज्ञ की जो व्यवस्था बैठाई गई थी, उसमें अपनी ओर से दान करने का अधिकार उन्होंने लघु भ्राता दुर्योधन को दिया था। राजकोष में जो भी धनराशि थी, उस सबको याचकों, भिक्षुकों, ब्राह्मणों को यथेष्ट दान देने का अधिकार उन्होंने युधिष्ठिर को सौंपा था और दुर्योधन को इस तरह आयोजन में शामिल करने का सुझाव कृष्ण ने ही दिया था। इस व्यवस्था के पीछे दो दृष्टिबिंदु थे—एक तो हस्तिनापुर से विदा लेने के बावजूद पांडवों ने जो अपार धनराशि प्राप्त की थी, उसका प्रत्यक्ष प्रमाण दुर्योधन प्राप्त कर सके, उससे उसे अपनी अल्प अंतर की दृष्टि का अहसास हो। दूसरी दृष्टि से देखें तो पांडवों की यह अपार संपत्ति पांडवों के प्रति अपने द्वेष के कारण दुर्योधन खुले हाथ बाँट देगा तो पांडवों को अधिक धर्मलाभ होगा। दुर्योधन के बदले कोई पांडव इस राजकोष का दान करने में विनियोग कर रहा होता तो उसमें लोभ या ममत्व पैदा होने की संभावना थी और ऐसा कुछ हो तो यज्ञ के अंत में सर्वस्व दान करने की जो भावना होती है, वह खंडित होती। इस प्रकार यहाँ भी दान की उच्च प्रणालिका का गौरव हुआ है।

महायुद्ध के अंत में हस्तिनापुर के सिंहासन पर आरूढ़ हुए युधिष्ठिर ने अश्वमेध यज्ञ किया है। इस यज्ञ के अंत में उन्होंने अपना संपूर्ण राजकोष ब्राह्मणों, ऋषियों और तापसों को दान कर दिया था; इतना ही नहीं, बल्कि समग्र राज्य की भूमि उन्होंने महर्षि व्यास को दान में दे दी थी। महर्षि व्यास ने दान में मिली अपनी यह भूमि शासन करने के लिए युधिष्ठिर को वापस सौंप दी थी। युधिष्ठिर द्वारा व्यास को दी हुई स्वर्णमुद्राएँ व्यास ने अपनी पुत्रवधू कुंती को भेंट दी थीं। इस प्रकार दान का यह समग्र चक्र घूमता रहा है।

युधिष्ठिर के यज्ञ में जो अपार दान हुआ, उससे प्रसन्न होकर समस्त ऋषियों ने और अतिथि राजवियों ने पांडवों की भूरि-भूरि प्रशंसा की और कहा कि ऐसा यज्ञ या ऐसा अपूर्व दान पहले कभी किसी ने नहीं किया। ठीक इसी समय यज्ञभूमि के पास से एक नेवला गुजरा और इस नेवले ने अपना शरीर यज्ञभूमि में इधर-ऊधर रगड़कर अंत में हताश होकर वहाँ से चल दिया। सभी ने आश्चर्यचकित होकर गौर किया कि उस नेवले का आधा शरीर

स्वर्णमंडित था। इस अर्धस्वर्णमंडित देह का रहस्य ऋषियों ने जब पूछा तो इस प्राणी ने अपनी जो कथा कही है, वह कथा मात्र सामान्यजन के ही नहीं, वरन् नितांत अकिंचन व्यक्ति के दान और त्याग की अपार महिमा सिद्ध करती है। कथा कुछ इस प्रकार है—

एक अकिंचन ब्राह्मण परिवार पहले कुरुक्षेत्र में निवास करता था। परिवार में ब्राह्मण की पत्नी, उसका पुत्र और पुत्रवधू, इस प्रकार चार सदस्य थे। परिवार घोर दरिद्रता में जी रहा था और यथाशक्ति तपस्या में आयु निर्गमन कर रहा था। जीविका का कोई साधन उपलब्ध नहीं था, इसलिए यह ब्राह्मण रोज सुबह तड़के उठकर गाँव के बाहर मार्ग से होकर जानेवाले अन्न से भरे गाड़ों में से जो अन्न बिखर गए हों, उन्हें एकत्र कर लेता था। इस तरह से मिले अन्न पर परिवार के चारों जन दोपहर में एक जून का भोजन प्राप्त करते थे। एक बार इस प्रकार मध्याह्न भोजन लेने के लिए तैयार हुए परिवार को आँगन में एक अतिथि साधु ने दर्शन दिए। द्वार पर आए अतिथि ने भूखे होने के कारण भोजन की माँग की। परिवार के मुख्य व्यक्ति के रूप में उस ब्राह्मण ने अतिथि का सत्कार किया और अपने भाग का भोजन उनके सामने रख दिया। इतने भोजन से उस अतिथि की क्षुधा तृप्त नहीं हुई और उसने और अधिक भोजन की माँग की।

उसकी क्षुधा तृप्त करने के लिए एक-एक करके ब्राह्मण की पत्नी, पुत्र और पुत्रवधू ने अपने-अपने बरतन में परोसे भोजन को अतिथि के सामने रख दिया और पूरा परिवार भूखा रहा। दूसरे, तीसरे और सातवें दिन भी ऐसा ही हुआ और सातों दिन पूरा परिवार भूखा रहा; इतना ही नहीं, तनिक भी असंतोष का भाव लाए बिना वह परिवार अतिथि को भोजन कराता रहा। सात दिन के सतत निराहार अवस्था के अंत में पूरी तरह क्षीण हो गए इस परिवार के समक्ष अब उस अतिथि ने अपना असली रूप प्रकट किया। यह अतिथि स्वयं धर्मराज थे और उस ब्राह्मण परिवार ने जो विराट् यज्ञ किया था, उससे प्रसन्न होकर उन्हें सशरीर धर्मलोक की प्राप्ति हो, ऐसा आशीर्वाद दिया।

इतनी बात कहने के बाद नेवले ने कहा कि वह ठीक उसी समय

ब्राह्मण के घर के पास से गुजर रहा था। सात-सात दिन के भूखे परिवारजनों ने प्रसन्न चित्त से अपनी थाली का भोजन जहाँ अतिथि को परोसा था, उस स्थान से गुजरने के दौरान उसकी धूल के स्पर्श से उसकी आधी देह सुवर्णमंडित हो गई। ब्राह्मण परिवार के एक अतिथि को भोजन-कराने के एक धर्मकार्य से यदि यज्ञभूमि इतनी पवित्र और चामत्कारिक हो जाती हो तो पृथ्वी के अन्य राजाओं और धनवानों द्वारा किए गए यज्ञों और दानों से उनकी यज्ञभूमियाँ निश्चित ही अधिक चामत्कारिक होंगी, यह मानकर वह अनेक वर्षों से पृथ्वी पर जहाँ-जहाँ ऐसे दानकर्म या यज्ञ आयोजित होते हैं, वहाँ-वहाँ घूम रहा है। परंतु अभी तक कहीं भी उसका शेष आधा शरीर सुवर्णमंडित नहीं हुआ। आज युधिष्ठिर का यह अश्वमेध यज्ञ पृथ्वी पर सबसे अलौकिक और सर्वश्रेष्ठ है, यह सुनकर वह वहाँ आया था, परंतु इस यज्ञभूमि की धूल में लोटने के बाद भी शेष आधा शरीर स्वर्णमंडित नहीं हुआ, इसका अर्थ ही यह हुआ कि यह श्रेष्ठ कहा जानेवाला यज्ञ भी उस अकिंचन ब्राह्मण परिवार के दान की तुलना में निम्न कोटि का ही है।

इतना कहने के बाद महर्षि व्यास ने ऋषि वैशंपायन के मुख से इस घटना का सारांश एक श्लोक में प्रकट करवाया है—

अद्रोहः सर्वभूतेषु सन्तोषः शीलमार्जवम्।
तपो दमश्च सत्यं च प्रदानं चेति सम्मितम्॥

अर्थात् प्राणिमात्र के प्रति अद्रोह, शील और सदाचार का अनुसरण, सरल व्यवहार, तपस्या, मन और इंद्रियों पर संयम, सत्यवादन और न्यायपूर्वक स्वयं द्वारा प्राप्त की हुई वस्तु का श्रद्धापूर्वक दान, ये सारे लक्षण महान् यज्ञों के समकक्ष हैं।

□

10

पूर्णत्व की अनुभूति

समग्र सृष्टि में स्त्री और पुरुष, इन दो अद्‌भुत तत्त्वों का निर्माण हुआ है। ये दो घटक तत्त्व सहज और परस्पर पूर्णत्व के लिए अनिवार्य तत्त्व होने के बावजूद आज इक्कीसवीं शताब्दी के आरंभकाल में भी इन दोनों के बीच का संबंध समाज में जो सर्वसामान्य स्वीकृति पानी चाहिए, वह नहीं पाया है। लहू के संबंधों से ऊपर उठकर स्त्री और पुरुष के बीच किसी भी प्रकार के सख्य को समाज ने नीतिमत्ता या धर्मोपदेश के मंत्रों के दायरे में समेट लिया है। परिणामस्वरूप आज भी ऐसे सहज सख्य को दूषित और अनैतिक माना जाता है। महाभारतकार ने तमाम मानवीय संबंधों का आलेखन किया है। लहू के संबंधों से ऊपर उठकर भी स्थापित होनेवाले ऐसे सख्य को महाभारतकार किस दृष्टि से देखता है, इस विषय में कुछ कहा जा सकता है?

सही कहें तो स्त्री और पुरुष दोनों सृष्टि के कोई दो अलग-अलग घटक नहीं बल्कि एक ही घटक के दो अपूर्ण तत्त्व हैं। इन दोनों अपूर्ण तत्त्वों

के सायुज्य से ही एक पूर्ण घटक की संप्राप्ति होती है। स्त्री और पुरुष इन दोनों शब्दों से कोई निरी दैहिक विभिन्नता ही नहीं प्रकट होती। दैहिक विभिन्नता तो एक स्थूल रूप है और स्थूलता की दृष्टि से पूर्णत्व की प्राप्ति हो ही नहीं सकती। मनोजगत् का संबंध है, वहाँ तक प्रत्येक पुरुष के शरीर में स्त्रीत्व का अंश हमेशा खाली होता है। इसी प्रकार स्त्री के चित्ततंत्र के अंदर पुरुषत्व का भी एक अंश सदैव खाली रहता है। इस खालीपन को भरने के लिए इन दोनों तत्त्वों को परस्परावलंबी होना ही पड़ता है। दैहिक सायुज्य स्थूल भूमिका है। चैतसिक भूमिका के ऊपर जो पूर्णत्व प्राप्त होता है, उस पूर्णत्व में देह का पूरा-पूरा विगलन न भी हो जाता हो, तो भी उसका अस्तित्व एक साधन जितना ही रहता है। इस भूमिका पर पहुँचने के लिए किसी भी संबंध को कोई भी नामामिधान करना अनिवार्य नहीं। संबंध को शिष्टता की इस मार्गरेखा ने कोई-न-कोई नाम दिया है। जिन संबंधों को निश्चित नामोनिशान प्राप्त नहीं होता है, उसे 'मैत्री' जैसे व्यापक शब्द द्वारा हम समाहित (आवृत्त) कर लेते हैं।

यहाँ प्रश्न का हार्द इस मैत्री शब्द के साथ संलग्न है। सजातीय (स्त्री के साथ स्त्री की और पुरुष के साथ पुरुष की) मैत्री के अनगिनत उदाहरण महाभारत सहित विश्वसाहित्य के अनेक ग्रंथों में प्राप्त होते हैं। कृष्ण और द्रौपदी के बीच की विजातीय (पुरुष और स्त्री के बीच की) मैत्री जैसा एक भी उदाहरण महाभारत सहित विश्वसाहित्य में कहीं भी उपलब्ध नहीं।

संबंध की दृष्टि से देखें तो द्रौपदी कृष्ण की बुआ कुंती के पुत्रों की संयुक्त पत्नी है। उसे यदि बड़े भाई युधिष्ठिर की ही पत्नी मानें तो वह कृष्ण की भाभी यानी कि माता समान पूजनीय मानी जाएगी और यदि छोटे भाई नकुल या सहदेव की पत्नी मानें तो वह पुत्रवधू समान कही जाएगी। कृष्ण के द्रौपदी के साथ के संबंधों में यह मातृतुल्य भाभी या पुत्रवधू जैसे किसी संबंध का कोई अंश दूर-दूर तक कहीं दिखाई नहीं देता है, फिर भी कृष्ण और द्रौपदी के बीच का जो संबंध आलेखित हुआ है, उसे स्त्री-पुरुष के बीच सख्य के सिवा दूसरा कोई नाम नहीं दिया जा सकता है। गांधीवादी विचारक दादा धर्माधिकारी ने इस सख्य को अंग्रेजी भाषा में Brosterhood जैसे नाम से नवाजा है। Brosterhood

शब्द Brother और Sister ये दोनों संबंध भी निश्चित अपेक्षाओं के साथ स्थापित हुए रहते हैं, इसलिए Brosterhood शब्द में भी वे अदृश्य अपेक्षाएँ झाँकती हुई लगती हैं। कृष्ण और द्रौपदी के बीच के संबंध ऐसी किसी भी निश्चित अपेक्षा से ऊपर उठे हुए हैं, इसलिए संभवत: वे Brotherhood से भी आगे सख्य के ही अनुरूप हैं।

रसप्रद बात यह है कि कृष्ण और द्रौपदी के बीच का प्रथम मिलन द्रौपदी स्वयंवर के अंत में हुआ है। इस प्रसंग के समय द्रौपदी लग्नोद्यता कुमारिका है, जबकि कृष्ण, पुत्र, पौत्र सहित इस अवसर पर आए हैं। मत्स्यवेध के बाद तापस वेशधारी पांडव द्रौपदी को लेकर पांचाल नगरी के बाहर अपने ठिकाने पर जाते हैं, उस समय कृष्ण उनसे पहली बार वहाँ आकर मिलते हैं। यहाँ कृष्ण ने बुआ कुंती तथा युधिष्ठिर आदि पांडवों के साथ संवाद किया है। उस समय कृष्ण ने द्रौपदी के साथ कोई संवाद नहीं किया। कृष्ण और द्रौपदी ने एक-दूसरे को इस अवसर पर पहली बार देखा है, वे मिले नहीं।

हस्तिनापुर की द्यूतसभा में जब द्रौपदी का चीरहरण हुआ तो कृष्ण ने उसकी लाज बचाई थी, यह बात कथाकारों ने प्रचलित की है। वास्तव में वस्त्रहरण की यह घटना महाभारत में एक ही श्लोक में पूरी हो जाती है। (सभापर्व, अध्याय 61, श्लोक 41)। इसमें मात्र इतना ही इंगित है कि द्रौपदी के वस्त्र जब खींचे जा रहे थे, उस समय अंदर से अनेक प्रकार के वस्त्र निकलने लगे। यहाँ द्रौपदी ने वस्त्र पूरा करने की विनती की थी और कृष्ण ने उसे पूरा किया था, ऐसी कोई बात महाभारत में नहीं है। कृष्ण और द्रौपदी के बीच खुले मन से संवाद हुआ हो, ऐसी घटना राजसूय यज्ञ के अंत में खांडव-वन विहार के अवसर पर दिखाई देती है। यहाँ भी कृष्ण, सत्यभामा, अर्जुन, द्रौपदी आदि क्षण-दो क्षण इस मुक्त विहार का आनंद लें, न लें कि उसी समय खांडववन दहन का प्रकरण खड़ा हो गया है और फिर भी इतना अल्प सामीप्य होने के बावजूद उन दोनों के बीच कैसी मानसिक भूमिका पैदा हुई थी, इसका प्रमाण द्यूतसभा के अंत में पांडवों ने जब अरण्यवास स्वीकार किया है, उस समय मिलता है। अरण्य (वन) में कृष्ण जब पांडवों से मिलने के लिए आते हैं तो द्रौपदी वस्त्रहरण की अपनी व्यथा व्यक्त करते हुए कहती है—"पार्थ की पत्नी,

आपकी सखी और धृष्टद्युम्न की बहन होने के बावजूद मुझे भरी सभा में खींचकर लाया गया।'' (यहाँ ध्यान देने योग्य बात यह है कि द्रौपदी ने स्वयं को मात्र पार्थ यानी कि अर्जुन की पत्नी बताया है। कृष्ण और द्रौपदी के बीच कैसा परम सख्य स्थापित हुआ था, उसका यह संकेत है।)

उन दोनों के संबंधों में कहीं भी संकोच अथवा गोपनीयता नहीं है। द्रौपदी सरेआम कृष्ण से कहती है—''हे मधुसूदन, पति मेरा नहीं, पुत्र, पिता या भाई-भतीजे मेरे नहीं और हे कृष्ण! आप भी मेरे नहीं।'' इन ''आप भी मेरे नहीं'' शब्दों में जो व्यथा है, उसमें कृष्ण के प्रति सख्य और श्रद्धा पूर्ण रूप से प्रकट हुई है। इतना ही नहीं, ''कृष्ण, मैं आपकी प्रिय सखी'' यह कहने में भी उसे कोई संकोच नहीं हुआ। आज हजारों वर्ष बाद भी इस मैत्री या सख्य का शतांश भी समझा जा सके या उसका आस्वाद लिया जा सके, ऐसी परिस्थिति का विचार भी बहुत दूर है।

कृष्ण-द्रौपदी के सख्य के विषय में कुछ बौद्धिकों ने भ्रांति भी फैलाई है। युद्ध की पूर्व संध्या पर उपालव्य से हस्तिनापुर वापस लौटे संजय ने 'उद्योगपर्व' में ऐसा कहा है कि वह जब कृष्ण और अर्जुन से मिला, उस समय कृष्ण का मस्तक सत्यभामा की गोद में और उनके चरण द्रौपदी की गोद में थे। वास्तव में संजय जब शिविर में दाखिल हुआ तो उसने जो देखा, उसकी बात इस तरह लिखी गई है। (उद्योग पर्व अध्याय 58, श्लोक-6)—''शत्रुदमन ये दोनों वीर जिन विशाल आसनों पर बैठे थे, वे सुवर्णमंडित थे। दोनों रत्नजड़ित और शोभायमान थे।'' अब जिस शिविर में अर्जुन और कृष्ण सिंहासनों पर बैठे हों, वहाँ सत्यभामा की गोद में सिर और द्रौपदी की गोद में चरण रखने की बात कैसे संभव है? वास्तव में 'उद्योगपर्व' में ही एक ऐसा श्लोक अवश्य है कि जिसमें ऐसा लिखा है कि श्रीकृष्ण के दोनों चरण अर्जुन की गोद में थे और अर्जुन का एक पग द्रौपदी की गोद में और दूसरा पग सत्यभामा की गोद में था। यह दृश्य नजर के सामने तादृश्य करना मुश्किल है। फिर भी अर्जुन का एक पग द्रौपदी की गोद में हो, तो भी इससे कोई अनर्थ पैदा नहीं होता है, क्योंकि कृष्ण अर्जुन के मन से पूजनीय थे और इस प्रकार सत्यभामा भी अर्जुन के लिए पूजनीय ही हों, इसमें घनिष्ठता का दर्शन होता

है, अपवित्रता का नहीं। इसमें कहीं भी कृष्ण का मस्तक सत्यभामा की गोद में तथा चरण द्रौपदी की गोद में थे, ऐसा उल्लेख नहीं है।

महायुद्ध के अंत में अश्वमेध यज्ञ के प्रसंग में अर्जुन जब विजय यात्रा करता है तो युधिष्ठिर कृष्ण से पूछते हैं—"हे कृष्ण! अर्जुन में कौन सा ऐसा विशिष्ट लक्षण है कि उसे बार-बार यात्राएँ ही करनी पड़ती हैं? इसके उत्तर में कृष्ण ने कहा है—"हे राजा! अर्जुन की पिंडलियाँ अधिक बड़ी हैं, इसलिए ऐसा होता है।" वहाँ कृष्ण की बात सुनकर कृष्णा यानी कि द्रौपदी ने कृष्ण की ओर तिरछी नजर से देखा, ऐसा श्लोक है। (आश्वमेधिक पर्व, अध्याय 33, श्लोक 20)। इसके बाद द्रौपदी ने ईर्ष्यालु तथा तिरछी नजर से कृष्ण की ओर देखा। कृष्ण ने भी द्रौपदी की इस दृष्टि को स्वीकार किया, क्योंकि द्रौपदी की नजर में केशव स्वयं अर्जुन का ही रूप थे। इस श्लोक ने कई भ्रांतियों को अवकाश दिया है। परंतु इसका समर्थन हो सके, ऐसा एक भी चरण पूरे महाभारत में अन्यत्र कहीं भी नहीं मिलता है। द्रौपदी की नजर में यदि कृष्ण और अर्जुन एकरूप हों, तो इसमें कोई आश्चर्य नहीं; क्योंकि स्वयं कृष्ण ने ही आरण्यक पर्व में अर्जुन के साथ की अपनी एकता की बात की है।

परंतु यही तो कृष्ण और द्रौपदी का अंतिम मिलन है। द्रौपदी ने उपालंभ से कृष्ण की ओर देखा और कृष्ण-अर्जुन उसे एकरूप से, किसी भी आयास के बिना एक क्षण में यह घटना घट गई और इसके साथ कृष्ण द्रौपदी का सख्य भी जैसे समाप्त हो गया। इसके बाद पूरे साढ़े तीन दशक तक महाभारत की कथा चली है, पर उसमें कहीं भी कृष्ण-द्रौपदी मिले नहीं।

पूर्ण पुरुष या पूर्ण स्त्री की संभावना ऐसे किसी परम सख्य के बिना कोरी कल्पना ही बनी रहती है! यह पूर्णत्व सपाटी पर हमेशा प्रकट ही हो, यह जरूरी नहीं। पूर्णता की अनुभूति आंतरिक संवेदना है। इस संवेदना के साक्षात्कार के बिना जीवन सहजभाव से व्यतीत तो हो जाता है और अधिकांश मामलों में न तो खालीपन का अहसास होता है और न ही पूर्णत्व का परमात्मा ने प्रत्येक व्यक्ति को ऐसा संवेदना तंत्र दिया नहीं, इसके पीछे भी सृष्टि के संतुलन की कोई परम दृष्टि ही होगी!

□

11

मनुष्य की विनाशक निर्बलता

महाभारत के समग्र घटनाक्रम में अहंकार, असूया, वैरभावना, लालसा जैसे नकारात्मक भावों से प्रेरित घटनाओं का भाग बहुत बड़ा है। इन घटनाओं के विषय में उन नकारात्मक तत्त्वो को क्रमबद्ध करके निःशंक रूप से कहा जा सकता है कि यदि ऐसा न हुआ होता तो ऐसा न होता। 'यदि' और 'तो' की कार्यकारण शृंखला इन भावों के साथ जोड़ना संभव है। इसके बावजूद ये भाव प्रकृतिप्रदत्त हैं और मनुष्य के जन्म के साथ ही मूलभूत रूप में पैदा हुए हैं। इसके अनुसंधान में ऐसे कोई मानवप्रेरित निषेधात्मक तत्त्व इस घटनाक्रम में हैं क्या, कि जिन्हें आज के संदर्भ में भी मूल्यांकित किया जा सकता है?

एक तरह से देखें तो महाभारत के अधिकतर कथानकों में निषेधात्मक तत्त्वों की सफलता की ही बात है। फिर भी ये तत्त्व अथवा भाव प्रकृतिप्रदत्त हैं और व्यक्ति के सृजन के साथ ही परमात्मा ने इन तत्त्वों को मूलभूत रूप में ही उसकी रचना में समाविष्ट कर लिया है। प्रश्न में प्रयुक्त 'प्रकृति प्रदत्त' शब्द पर थोड़ा विचार कर लेना आवश्यक है। जो घटक समग्र

रचना के भाग हों, उन्हें निरर्थक अथवा नकारात्मक कैसे कहा आ सकता है, ऐसा सवाल भी खड़ा होता है। वैरभावना, अहंकार, असूया ये सभी महाभारत में सपाटी पर आकर अनायास ही दृष्टिगोचर हों, ऐसे निषेधात्मक भाव हैं, परंतु ये मानवीय भाव हैं, इसे लक्ष्य में लेने के बाद उनमें निहित उपयोगिता को भी समझ लेना जरूरी है।

अहंकार सबसे बड़ा दुर्गुण माना गया है। दुर्योधन की प्रवृत्तियाँ यदि अहंकार प्रेरित न होतीं और अहंकार को वह वश में रख सका होता तो घटनाचक्र दूसरी दिशा में गया होता, ऐसा कहा जा सकता है। अहंकार और आत्मसम्मान अथवा आत्मगौरव के बीच बहुत पतली विभाजक रेखा है। आत्मसम्मान मानव-जीवन में सकारात्मक तत्त्व माना गया है। व्यक्ति के लिए हम जिस भाव को सम्मान के रूप में पहचानते हैं, वही भाव समाज या संस्कृति के लिए गौरव के रूप में प्रयुक्त किया जाता है। कई बार ऐसा भी होता है कि बात जब अपनी हो तो हम इसे स्वमान या आत्मगौरव बातते हैं, परंतु यही बात जब अन्य किसी की हो तो हम इसे अहंकार कहते हैं। इसी प्रकार कोई व्यक्ति कोई ऐसा सहेतुक अपराध करता है कि उसे क्षमा नहीं किया जा सकता है। व्यक्तिगत लक्षणों में क्षमा-भावना दैवी संपत्ति भले ही मानी जाती है, पर यदि किसी व्यक्ति ने समष्टि के प्रति अपराध किया हो तो उसे दंड देना अनिवार्य है। ऐसा दंड समाजसुधार की वृत्ति से प्रेरित होता है। इसमें क्षमाभावना हो ही नहीं सकती। अपराधी को दंड देने की इस भावना को वैरभावना नहीं कहा जा सकता है। परंतु व्यक्तिगत रूप से अपराधी को दंडित करके संतोष प्राप्त करने की वृत्ति वैरभावना के समकक्ष है। इस तरह वैरभावना के इस भाव को भी विभाजित करके समझ लेना चाहिए। ऐसा अन्य भावों के विषय में भी कहा जा सकता है। आज के संदर्भ में इस बात को समझने के लिए दो नेत्र दीपक उदाहरण दिए जा सकते हैं। जिसके नाम अनेक हत्याएँ थीं ऐसे दो अपराधी फूलनदेवी और वीरप्पन को उचित दंड देने और उसके लिए तमाम प्रयत्न करने में वैरभावना नहीं बल्कि सामाजिक कर्तव्य था। ऐसा न करने में कर्तव्यभ्रष्टता और निर्लज्जता ही प्रकट होती है।

द्यूत और मद्यपान ये दोनों मानवजाति के बड़े दुर्गुण माने जाते हैं। इसके बावजूद वर्तमान से लेकर इतिहास का कोई कालखंड इन दो तत्त्वों से मुक्त नहीं रहा। ये दोनों प्रकृतिदत्त नहीं मानवसर्जित हैं। इस सृजन का अनुसरण करके उसने स्वयं ही विनाश आमंत्रित किया है। महाभारत में भी इन दो तत्त्वों ने अत्यंत उल्लेखनीय—एक तरह से कहें तो सर्वाधिक प्रमाण में—प्रभाव डाला है। युधिष्ठिर द्यूतप्रिय थे। स्वयं को वे द्यूतक्रीड़ा में निपुण समझते थे। द्यूत खेलने के लिए कोई आमंत्रण दे तो उसे अस्वीकार न करना, ऐसा कोई क्षात्रधर्म कहीं निरूपित नहीं किया गया है। युधिष्ठिर स्वयं ऐसा अनुचित धर्म अपने लिए बनाते हैं और उसके अनुसरण को अपना धर्म कहते हैं। यह वास्तव में द्यूत खेलने की अपनी दुर्बलता को छिपाने का बहाना ही है। द्यूतसभा में दुर्योधन ने अपनी ओर से पासा फेंकने के लिए शकुनि को नियुक्त किया, उस समय कोई भी समझदार व्यक्ति इस व्यवस्था को स्वीकार न करता। पर युधिष्ठिर ने इस व्यवस्था को स्वीकार किया, यह जुआरी मनोवृत्ति से प्रेरित व्यक्ति अपनी सामान्य समझ को कितनी सरलता से गँवा देता है, इसका उदाहरण है। खेल के दौरान द्रव्य, पशुधन आदि एक के बाद एक प्रत्येक दाँव हारने के बावजूद युधिष्ठिर खेल समाप्त नहीं कर सकते हैं। एक भी दाँव वे जीत नहीं सके, फिर भी प्रत्येक दाँव में अधिक से अधिक गँवा रहे हैं।

स्थूल संपत्ति की समाप्ति के बाद सामान्य समझदार व्यक्ति भी शकुनि की निपुणता स्वीकार कर रुक जाता, परंतु जुआरी मनोवृत्ति इस तरह रोकी नहीं जा सकती और इसके बाद के दाँव में वह निश्चित ही जीत जाएगा, इस तृष्णा के साथ युधिष्ठिर ने भाइयों और अपने आप को भी पराजित करवा लिया। इसके बाद पत्नी द्रौपदी को दाँव पर लगाने का सुझाव कौरवों ने ही दिया है और कौरवों की मनोवृत्ति और हीनता समझने-जानने के बाद भी धर्मात्मा कहे जानेवाले युधिष्ठिर ने यह सुझाव स्वीकार किया और भरी सभा में द्रौपदी की अवहेलना हुई! इतनी भयानक दुर्दशा के बाद राजा धृतराष्ट्र ने भय से प्रेरित होकर पांडवों द्वारा खोए हुए राज्य और उनकी स्वतंत्रता लौटा दी। इस प्रकार पुनः प्राप्त हुए राज्य और स्वतंत्रता के साथ

जब पांडव वापस लौट रहे थे, उस समय फिर एक बार जुए का एक दाँव खेलने का निमंत्रण दुर्योधन ने दिया और यह दाँव भी उसकी ओर से शकुनि ही खेलेगा, यह पुरानी शर्त भी ताजा की। युधिष्ठिर ने फिर एक बार इस बात को स्वीकार किया और इस बार एक ही दाँव में समग्र राज्य गँवाकर तेरह वर्ष का वनवास पाया। मात्र मूर्ख ही जो बात करे, वही बात युधिष्ठिर ने यहाँ तादृश्य की है। उनकी यह विवेकहीनता जुए से प्रेरित मनोभाव किस हद तक पतित होता है, इसका ज्वलंत उदाहरण है।

वनवास में एक बार द्रौपदी और भीम युधिष्ठिर को उनके इस कृत्य के लिए दोष देते हैं तो वह द्यूतप्रेमी राजा अपनी मूर्खता के साथ अपनी शठता भी प्रकट करता है। वह कहता है कि स्वयं द्यूत खेलने में निपुण होने के कारण दुर्योधन की समृद्धि और राज्य युद्ध किए बिना ही प्राप्त कर लेने के उद्देश्य से ही उसने जुआ खेला था। इस प्रकार इस प्रसंग में युधिष्ठिर में बसी अधर्म भावना द्यूत द्वारा प्रकट हुई है। हम निश्चयपूर्वक ऐसा कह सकते हैं कि यदि इस द्यूतसभा का आयोजन न हुआ होता तो द्रौपदी का वस्त्रहरण, दुर्योधन तथा दु:शासन का उरुघात और रुधिरपान की भीम की प्रतिज्ञा, तेरह वर्ष का वनवास, यह सारा कुछ टाला जा सकता था।

द्यूत जैसा ही दूसरा नकारात्मक तत्त्व मद्यपान यादवों के सर्वनाश का कारण बना है। तत्कालीन आर्यावर्त के दो समर्थ राजपरिवार हस्तिनापुर के भरतवंशी और द्वारका के वृष्णिवंशी, इन दोनों का विनाश क्रमश: द्यूत और मद्य जैसे मानव सर्जित दुर्गुणों ने किया है, यह इतिहास की विडंबना है। यादव मद्यप्रिय थे और मद्यपान के अतिरेक के प्रभाव में यादव कुमारों ने द्वारका में कश्यप, नारद आदि ऋषियों का उपहास किया। जो परिवार ब्राह्मणों और ऋषियों को पूजनीय और सन्मान्य मानता था, उस परिवार ने मद्य के प्रभाव से इन समर्थ ऋषियों को अपमानित किया और स्वयं अपना सर्वनाश आमंत्रित कर लिया। सर्वनाश निश्चित है, यह जानने के बाद भी द्वारका में महानिषेध घोषित कराकर कृष्ण ने जितना अधिक समय संभव हुआ, यादवों की रक्षा का प्रयास किया है, परंतु इस महानिषेध की अवहेलना करके यादवों ने, वर्तमान

युग में गुजरात जैसे राज्य में, जहाँ मद्यनिषेध होने के बावजूद चोरी-छिपे शराब पीनेवाले मद्यप्रेमियों की तरह मदिरापान जारी रखा और स्वयं कृष्ण का भी इस प्रकार अनादर किया। जिस कृष्ण ने यादवों को कंस के अधिनायकवादी आधिपत्य से मुक्त किया था, गणतंत्र की पुनर्स्थापना की थी, सोने की द्वारका में जिन्हें बसाकर अजेय बनाया था, उन्हीं कृष्ण की अवहेलना करके मद्यपान जारी रखा। इसके बाद प्रभासक्षेत्र में यात्रा के दौरान भी मद्यपान का अतिरेक किया। द्वारका में मद्यनिषेध की घोषणा होने के कारण जो कृत्य चोरी-छिपे करते थे, वह कृत्य प्रभासक्षेत्र में अनियंत्रित हुआ। वरिष्ठ राजा उग्रसेन से लेकर पुत्र-पौत्र सहित सभी इस मद्य के प्रभाव में निरंकुश हो गए और जो समर्थ शसत्रधारी थे, वे पशु की भाँति एक-दूसरे के साथ लड़कर, दाँत से एक दूसरे को काटकर मर मिटे।

द्यूत और मद्य आदिकाल से व्यक्ति की विनाशक निर्बलता रही है। समय-समय पर मनुष्य ने इस निर्बलता के लिए भारी दंड भी भोगा है और इसके बावजूद इसका पुनरावर्तन इतिहास के प्रत्येक चरण में दिखाई देता है। मूलभूत मानवीय लक्षण, जो प्रकृतिदत्त हैं, उन्हें मनुष्य निर्मूल नहीं कर सकता है, परंतु जो विनाशक तत्त्व स्वयं उसके द्वारा निर्मित हैं, उन्हें विवेकपूर्वक अवश्य अंकुशित कर सकता है। महाभारत की उपर्युक्त घटनाएँ इस पदार्थपाठ का संकेत देती हैं।

□

12

भीष्म पितामह का असंगत ताटस्थ्य

देश के निकट के भूतकाल में देखें तो स्वर्गीय प्रधानमंत्री इंदिरा गांधी ने जब आपातकाल घोषित किया था और इस तरह लोकतंत्र का गला घोंटा था तो जनता की नजर सर्वप्रथम आचार्य विनोबा भावे पर गई थी। विनोबा भावे ने ऐसे समय में देश को जो अपेक्षित था, ऐसा नेतृत्व उपलब्ध कराकर इंदिरा गांधी को रोकने के बजाय उनका समर्थन कर रहे हों, इस तरह 'यह आपात काल तो अनुशासन पर्व है' ऐसा कहा था। द्यूतसभा में जब द्रौपदी का वस्त्रहरण हुआ, उस समय इस निर्लज्ज दृश्य के साक्षी के रूप में स्वयं पितामह भीष्म थे और द्रौपदी ने पितामह से इस अधर्म के विरोध में प्रश्न किया तो उन्होंने दोनों हाथ ऊपर उठाकर तटस्थता धारण की थी। भीष्म का यह आचरण उनके पात्र के साथ असंगत लगता है। भीष्म ने यदि ऐसा न किया होता तो महाविनाश संभवतः टाला जा सकता था। इसी प्रकार कृष्ण के दौत्य कर्म के समय भी भीष्म ने यद्यपि दुर्योधन को समझाया तो है, परंतु सत्ता के विशेष ताप से उसे रोका नहीं। भीष्म ने चाहा होता तो

वे दुर्योधन और दुःशासन को रोक सकते थे। भीष्म की इस तटस्थता के विषय में समाधान करना कठिन लगता है। इसके विषय में कुछ अधिक प्रकाश डाला जा सकता है?

कृष्ण और भीष्म ये दोनों महाभारत के पात्रों की सृष्टि में सबसे उत्तुंग शिखर हैं। इन दोनों के व्यवहार में अनेक स्थलों पर विसंवाद दिखाई देता रहा है। कृष्ण के व्यवहार में ऐसे जो विसंवाद हैं, उनके विषय में बहुत अधिक लिखा गया है और इन विसंवादों को कृष्ण के पात्र के सातत्य को दृष्टि में रखकर मूल्यांकित करने का प्रयत्न भी हुआ है। ऐसे प्रयत्न अधिकांशतः तार्किक होते हैं और उनके पीछे यदि कोई प्रमाणों की अपेक्षा रखे तो ऐसे प्रमाण महाभारत में नहीं मिलेंगे। कृष्ण के स्पष्ट विसंवादी व्यवहार को संवादी और न्यायसंगत ठहराने के जो विश्लेषण हुए हैं, वे कृष्ण के पात्र में इतने सुसंगत रहे हैं कि उनके विषय में विशेष अवरोध का अवकाश नहीं रहता। इसके विपरीत, भीष्म के कई व्यवहारों के विषय में स्पष्टतः प्रश्न पैदा होते हैं। परंतु इस विषय में महाभारत का अध्ययन करनेवाले विद्वानों ने या तो अधिक विचार नहीं किया है अथवा जो भी विचार हुआ है, उसे विशेष प्रसिद्धि मिली नहीं। वास्तव में महाभारत के कथानायक पद पर कृष्ण नहीं बल्कि भीष्म रहे हैं, ऐसा कहा जा सकता है; क्योंकि भीष्म ही एक ऐसे पात्र हैं कि जो इस महाकाव्य महाग्रंथ में सबसे अधिक बार दिखाई देते हैं; इतना ही नहीं, इससे भी आगे बढ़कर कहें तो आदि के अंत तक उसकी व्याप्ति विस्तृत है।

प्रस्तुत प्रश्न का विचार करने के पूर्व हम जिन परिस्थितियों में शांतनु राजा का यह पुत्र कुमार देवव्रत से भीष्म बन उस घटना को याद कर लेना चाहिए। पिता शांतनु के लिए निषादराज से उसकी पुत्री योजनगंधा की माँग की, उस समय निषादराज जो शर्त रखी, उसमें शांतनु राजा के उत्तराधिकारी के रूप में पाटलिपुत्र देवव्रत नही, बल्कि पुत्री योजनागंधा की संतानें अभिषिक्त

हों, ऐसा कहा है, कुमार देवव्रत ने एक क्षण का विलंब किए बिना नितांत निर्लिप्त भाव से कह दिया :

ऐवमेतत करिष्यामि यथा त्वमनुभीषसे।
योस्यां जनिष्यते पुत्रः स नो राजा भविष्यति॥

अर्थात् निषादराज की माँग के अनुसार उनकी पुत्री योजनगंधा यदि पिता शांतनु के साथ विवाह करेगी तो जो संतति होगी, वही राजा बनेगी, इसे देवव्रत ने स्वीकार किया।

परंतु निषादराज चतुर राजनयिक था। देवव्रत तो सत्यप्रतिज्ञ हैं, इसमें उसे शंका नहीं थी, पर इसके बाद उनकी संतानें पैदा होंगी, उन्हें तो इस प्रतिज्ञा का बंधन होगा ही नहीं। ऐसी स्थिति में उसके भावी दौहित्र के हित की रक्षा कैसे होगी? राजा मोहांध हैं और कुमार पुत्रधर्म में आकंठ डूबा है, इसका साक्षात्कार होते ही उसने अपनी शर्त में सहज विस्तार किया—"कुमार! आपकी सत्यवादिता पर तो विश्वास है, पर आपके पुत्रों का क्या? आपके पुत्र यदि आपकी इस प्रतिज्ञा को स्वीकार नहीं करेंगे तो मेरे दौहित्र का कल्याण कैसे होगा?" और यहाँ भीष्म के जीवन का भव्यतम क्षण आता है। एक क्षण का भी विलंब किए बिना भीष्म ने कह दिया कि—"हे निषादराज! मैं प्रतिज्ञा करता हूँ कि मैं आजीवन ब्रह्मचर्य का पालन करूँगा और अपुत्रावस्था में ही जीवन समाप्त करूँगा।" आजीवन ब्रह्मचर्य के पालन की इस प्रतिज्ञा के मूल में माता सत्यवती की संतति ही हस्तिनापुर के सिंहासन पर सदैव स्थापित हो, यह उद्‌देश्य रहा है, यह याद रखना चाहिए। जैसाकि ऊपर कहा है—

'योस्यां जनिष्यते पुत्रः स नो राजा भविष्यति॥' भीष्म का यह वाक्य इसके बाद के भीष्म के व्यवहार को समझने के लिए मार्गदर्शक बनेगा।

एक तरह से देखें तो माता सत्यवती के दो पुत्र चित्रांगद और विचित्रवीर्य की अकाल और अपुत्र अवस्था में मृत्यु हो गई और उसके साथ ही कुरुवंश की इतिश्री हो जाती है। इन दोनों दिवंगत राजपुत्रों की विधवाओं द्वारा जनमे धृतराष्ट्र और पांडु का वास्तव में कुरुवंश के रक्त के साथ कोई संबंध नहीं। इनका जन्म माता सत्यवती के कौमार्यावस्था के पुत्र महर्षि व्यास के साथ हुए

शारीरिक संबंधों से हुआ है, इसलिए एक तरह से देखें तो धृतराष्ट्र से शुरू होती संतति में यद्यपि कुरुवंश का रक्त नहीं, पर माता सत्यवती का रक्त अवश्य बहता है। दुर्योधन आदि कौरवों का जन्म माता गांधारी की कोख और पिता धृतराष्ट्र के वीर्य से हुआ है। पांडु से पुत्रों यानी कि पांडवों के लिए ऐसा कहना संभव नहीं। युधिष्ठिर और उनके भाई पिता पांडु के वीर्य से पैदा नहीं हुए। उनका जन्म इंद्र, वायु आदि अन्य तत्त्वों से हुआ है। इस तरह धर्म और न्याय भले ही सतत पांडवों के पक्ष में रहे हों, परंतु सत्यवती की संतानें होने का गौरव तो भले ही बहुत कम प्रमाण में हो, पर दुर्योधन और उनके भाइयों को ही प्राप्त हुआ है। पांडवों को यह गौरव प्राप्त नहीं हो सकता।

इस भूमिका के साथ यदि हम भीष्म के इस असंगत कहे जानेवाले बरताव को समझने का प्रयास करेंगे तो संभवतः ऊपर से दिखाई देनेवाली इस असंगति के पीछे जो संवादिता रही है, उसे पूरी-पूरी नहीं, तो भी बहुतांश में जाना जा सकता है। द्यूतसभा में द्रौपदी-वस्त्रहरण के समय द्रौपदी ने पितामह भीष्म से जो प्रश्न किया है, उसमें पूछा है कि हे पितामह! इस द्यूत में मैं जीती हुई मानी जाऊँ कि नहीं, इसका स्पष्ट उत्तर मैं आपसे जानना चाहती हूँ? भीष्म के लिए यह बहुत ही कठिन क्षण रहा होगा, इसका सहज ही अनुमान किया जा सकता है। द्रौपदी के इस प्रश्न का उत्तर भीष्म यदि हाँ में दें यानी कि दुर्योधन ने तुम्हें जीता है, वह धर्मपूर्वक नहीं, ऐसा कहें तो पराजित पांडव और खास करके भीम और अर्जुन एक भी क्षण के विलंब के बिना पांडवों की इस पराजय को विजय में बदल डालें, ऐसा उनका सामर्थ्य था। दुर्योधन के पक्ष में अधर्म है, ऐसा कहने का अर्थ हस्तिनापुर के सिंहासन पर से धृतराष्ट्र के पुत्रों को दूर कर देने जैसा ही होता। भीष्म जिसे अधर्म मानते हों, उसे द्रोण भी कैसे धर्म मान सकते थे? इस प्रकार कौरव पक्ष से यदि भीष्म और द्रोण बाहर हो जाते तो उनकी पराजय निश्चित हो जाती।

दुर्योधन की पराजय का संकेत यही होता कि युधिष्ठिर हस्तिनापुर के सिंहासन पर आरूढ़ हों और यदि ऐसा होता तो भीष्म के उस प्रख्यात वचन 'योस्यां जनिष्यते पुत्रः स नो रजा भविष्यति' का फलितार्थ व्यर्थ जाता। इस

वचन को लक्ष्य में रखकर ही संभवत: भीष्म ने वारणावत के लाक्षागृह में से लंबा समय अज्ञातवास में रहकर वापस लौटे पांडवों को, युधिष्ठिर के युवराज पद पर इसके पूर्व ही स्थापित होने के बावजूद उन्हें सिंहासन देने के बदले इंद्रप्रस्थ की नई नगरी बसाने के लिए भेज दिया। इसके पहले भरतवंशियों में कभी भी राज्य का विभाजन नहीं हुआ था। इस क्षण युधिष्ठिर के युवराज-पद पर होने के नाते हस्तिनापुर का राज्य उन्हें मिले और यदि विभाजन करना ही हो तो नया राज्य दुर्योधन को मिले, यह अधिक बुद्धिगम्य हल लगता है। ऐसा होने के बावजूद भीष्म ने वास्तविकता को स्वीकार करते हुए अपनी प्रतिज्ञा के संदर्भ में हस्तिनापुर का राज्य तो दुर्योधन को ही दिया और नए राज्य में पांडवों को भेजा। भीष्म के मन में ऐसा कोई विचार रहा होगा कि नहीं, इस विषय में महर्षि व्यास अपने इस कालजयी ग्रंथ में कोई स्पष्ट उल्लेख नहीं करते हैं, पर सत्यवती की संतान ही शांतनु राजा का उत्तराधिकारी बना रहेगा, ऐसा जो आश्वासन उन्होंने निषादराज को दिया था, उसके पूरे-पूरे अर्थ में नहीं, तो भी अल्पांश में भी पालन करने का संतोष तो तभी लिया जा सकता था, जब हस्तिनापुर के सिंहासन पर दुर्योधन आरूढ़ होता।

भीष्म की दुविधा इन परिस्थितियों में देखने लायक है। दुर्योधन के नाम से महाभारत में आगे चलकर एक उक्ति कही गई है। यह उक्ति सर्वस्वीकृत नहीं, पर महाभारत की किसी-किसी में आवृत्ति मिलती है। दुर्योधन कहता है, "जानामि धर्मम् न च मे प्रवृत्ति, जानाम्यधर्मम् न च मे निवृत्ति।" यह बात दुर्योधन से भी अधिक भीष्म के लिए प्रयुक्त की जा सकती है।

भीष्म की संभावित मनोभूमिका के विषय में इतना विश्लेषण करने के बाद जो निष्कर्ष प्राप्त होता है उसके आधार पर भीष्म के समग्र जीवन को और अकल्पनीय लगते व्यवहार को समझना सुगम हो जाएगा। फिर एक बार यह स्पष्ट करना आवश्यक है कि भीष्म के इस मनोगत के विषय में हम निरी मनोवैज्ञानिक संभावना के आधार पर ही ये मनोयत्न प्रस्तुत कर रहे हैं। महाभारत में महामनीषी व्यास ने हमें कहीं भी ऐसा स्पष्ट संकेत नहीं दिया है।

द्यूतसभा में द्रौपदी ने जो धारदार प्रश्न पूछा है, उसका उत्तर देते हुए भीष्म द्वारा 'पुरुष तो अर्थ का दास है' ऐसा कहे जाने का उल्लेख हमारे कथाकार बार-बार करते हैं, पर यह बात सत्य से परे है। यहाँ पितामह भीष्म ने ऐसा विवश कथन कहा नहीं। यहाँ तो भीष्म ने मात्र इतना ही कहा है कि— "हे कल्याणी! धर्म की गति अति सूक्ष्म है और महात्मा पुरुष भी धर्म को पूरा-पूरा नहीं समझ सकते।" यहाँ तक तो भीष्म का यह कथन सर्वस्वीकार्य बन सकता है, पर इसके बाद उन्होंने जो कहा है, वह विदास्पद होने की क्षमता रखे, ऐसा है—

"संसार के समर्थ व्यक्ति जिसे धर्म कहते हैं, उसे ही बाकी के लोग धर्म मान लेते हैं। सामर्थ्य विहीनों के लिए तो समर्थ पुरुष ने जो कहा हो, वही धर्म है। धर्म का स्वरूप ऐसा सूक्ष्म और गहन होने के कारण तुम्हारे इस प्रश्न का उत्तर यथार्थ देना मेरे लिए कठिन है। मुझे लगता है कि तुम्हारे इस प्रश्न का निराकरण करने के लिए धर्मराज युधिष्ठिर ही सबसे अधिक योग्य व्यक्ति हैं।"

भीष्म के इस उत्तर से स्पष्ट समझा जा सकता है कि उन्होंने धर्म पांडवों के पक्ष में है और द्रौपदी अधर्म से जीती गई है, ऐसा कहना टाला है। परंतु इसके साथ ही धर्मविषयक टीका-टिप्पणी करके सामर्थ्य का जो प्रभाव दरशाया है, वह एक तरह से देखें तो लाचारी में से प्रकट होती वेदना की ही अभिव्यक्ति है। बलवान पुरुष जो मागरिखा खींच दे, उसे ही यदि धर्म कहें तो विश्व में अनेक अनर्थ पैदा हो सकते हैं। भीष्म जैसे महापुरुष यह बात न समझते रहे हों, ऐसा कैसे कहा जा सकता है? अतः भीष्म की इस अभिव्यक्ति में सच्चाई से भी अधिक विफलता में से प्रकट होती वेदना की बात प्रतिध्वनित हो रही हो, ऐसा लगता है।

द्यूतसभा में भीष्म के इस व्यवहार के बाद 'उद्योगपर्व' में जब महायुद्ध टालने के लिए स्वयं श्रीकृष्ण विष्टिकार (संधिदूत) बनकर हस्तिनापुर आए, उस समय भीष्म द्वारा निभाई गई भूमिका के विषय में थोड़ा विचार करना न्यायोचित है। युद्ध के अंत में महासंहार से त्रस्त हुई माता गांधारी ने इस युद्ध

को न टाल सकने के लिए कृष्ण को दोषी ठहराया तो उस समय कृष्ण कहते हैं, "हे माता! युद्ध का निवारण करने के लिए तो आप और पितामह भीष्म भी समर्थ थे ही।" कृष्ण ने चाहा होता तो अपने सामर्थ्य के प्रभाव से दुर्योधन को डराकर युद्ध को रोक सकते थे, ऐसा संकेत गांधारी देती है। यहाँ अधिक महत्त्व की बात यह है कि कृष्ण के चित्त में युद्ध के निवारण के लिए भीष्म भी सुयोग्य व्यक्ति थे, ऐसा प्रतिपादित हुआ है। भीष्म के इस सामर्थ्य के विषय में किसी प्रकार की शंका को स्थान नहीं। जो भीष्म अकेले हाथ समग्र आर्यावर्त के राजाओं को पराजित करके छोटे भाइयों के लिए राजकुमारियों को बलपूर्वक ले आए थे, जिस भीष्म ने साक्षात् काल समान परशुराम को विजेता नहीं होने दिया था, उस भीष्म ने विष्टि के प्रसंग के कुरुसभा में नगण्य भूमिका निभाई है, यह निर्विवाद है। वय से जर्जरित होने के बावजूद विष्टि के समय उनका प्रताप और सामर्थ्य वैसा ही प्रचंड था और उन्होंने यदि दुर्योधन को अपने इस प्रताप से डराया होता या जरूरत पड़ने पर उसे बंदी बना लिया होता अथवा उसका वध भी कर दिया होता तो यह महासंहार अवश्य टाला जा सकता था और भीष्म के ऐसे कथित कृत्य के लिए किसी ने उनपर दोषारोपण भी न किया होता।

इसके विपरीत इस क्षण भीष्म ने सौम्य कही जा सके, इस प्रकार की समझावट का मार्ग स्वीकारा है। वे दुर्योधन को द्यूतसभा में द्रौपदी की हुई अवहेलना से पांडवों को हुए क्लेश की बात याद दिलाते हैं और इस समय पांडवों का व्यवहार न्यायपूर्ण है, ऐसा परोक्ष संकेत भी दिया है। इसके अतिरिक्त थोड़े समय पहले ही विराट नगरी की सीमा पर अकेले अर्जुन के हाथों भीष्म, द्रोण, कर्ण और दुर्योधन सहित समग्र सेना की जो पराजय हुई थी, उसकी याद दिलाकर भय का संकेत भी दिया है। यदि दुर्योधन इंद्रप्रस्थ का राज्य पांडवों को वापस लौटाए तो हस्तिनापुर के सिंहासन पर दुर्योधन का सामर्थ्य आर्यावर्त में कई गुना बढ़ जाएगा, ऐसा लालच भी दिया है। पर अंत में तो जैसे विनती कर रहे हों, इस तरह इतना ही कहा है कि यदि तुम मेरी बात नहीं मानोगे तो हमें युधिष्ठिर के विरुद्ध युद्ध करना पड़ेगा, यह महान् दुःखदायक

घटना होगी। इस तरह समझाने के बाद भी भीष्म ने दुर्योधन को डराने के बदले एक प्रकार से अप्रत्यक्ष रूप से अभयवचन भी दिया है कि अंततः यदि युद्ध अनिवार्य होगा तो भीष्म हस्तिनापुर के सिंहासन की रक्षा के लिए दुर्योधन के पक्ष में रहकर लड़ेंगे। इस अंतिम बात में भीष्म के चित्त में स्थित संक्षोभ की अनुगूँज मुखरित हुई है। इस अनुगूँज में फिर एक बार हमें वर्षों पूर्व कुमार देवव्रत के निषादराज के समक्ष कहे गए शब्दों की ही ध्वनि अब पितामह बने भीष्म के रोम-रोम से प्रतिध्वनित हो रहा ही जो इस प्रकार सुनाई देती है :

एवमेतत करिष्यामि यथा त्वमनुभाषसे।
येस्यां जनिष्यते पुत्रः स नो राजा भविष्यति॥

अर्थात् निषादराज की माँग के अनुसार उनकी पुत्री योजनगंधा माता सत्यवती की जो संतति होगी, वही राजा होगी। माता सत्यवती के रक्त का प्रत्यक्ष तो नहीं, परोक्ष रूप से ही सही, जो थोड़ा-बहुत योगदान था, वह दुर्योधन में ही था। इस योगदान की रक्षा करने के लिए भीष्म ने चुपचाप अपने अंतर में घुमड़ती व्यथा सँभालकर रखी थी और सपाटी पर ऐसा दिखावा किया कि जिससे आनेवाली पीढ़ियाँ उनके व्यवहार पर उँगलियाँ न उठाएँ। भीष्म का प्रतिज्ञापालन के शब्दों के लिए किया गया यह मनोमंथन किस सीमा तक उचित कहा जा सकता है, यह प्रश्न अलग चर्चा का विषय बन सकता है, परंतु भीष्म ने जिसे अपने जीवन का एक अनिवार्य अंग माना, उस प्रतिज्ञा का अर्थघटन उनका स्वयं का हो सकता है।

श्रेष्ठतर महापुरुषों को हम हमेशा अपने सामान्य मापदंडों से मूल्यांकित नहीं कर सकते। गिरिराज हिमालय के उत्तुंग शिखर को हम भले ही फुट के आँकड़ों द्वारा भूगोल में पढ़ते हों, परंतु कोई फुटपट्टी लेकर यदि हम इस शिखर को इसी तरह मापने जाएँ तो शिखर की ऊँचाई कभी हाथ में नहीं आएगी। बारह इंच के फुटे से शायद ही किसी पहाड़ी को नापा जा सकता है, नगाधिराज हिमालय को नहीं। महापुरुषों के जीवन में ऐसा सतत होता रहा है। हमारी दृष्टि तत्कालीन लाभ अथवा हानि पर केंद्रित रहती है, परंतु महापुरुष महामनीषी भी होता है, इसलिए उसकी दृष्टि नितांत वर्तमान पर

नहीं टिकी होती है, बल्कि आनेवाले कल, आनेवाली पीढ़ी, पीढ़ियों के बाद के इतिहास पर भी होती है। इतिहास को जो पहचान सकता है, बीच वह विशुद्ध महापुरुष है। ऐसा पुरुष, इसके लिए अपने समयकालीनों के बीच उपेक्षित हो, ऐसा भी होता है। यह मर्यादा मानवजाति की मर्यादा है और इसको स्वीकार किए बिना काम नहीं चलता।

हमारे वर्तमान युग के एक संत, साधक और विचारक स्वामी आनंद ने ऐसे महापुरुषों को 'लोकोत्तर पुरुष' कहा है और ऐसे लोकोत्तर पुरुषों के लिए 'सुत, वित, द्वारा शीश समर्पित' सहजकर्म है। यह सहजकर्म सब के लिए समानरूप से सहज नहीं होता और इसीलिए लोकोत्तर पुरुष के विषय में विचार करते समय त्वरित निर्णय करने में समझदारी नहीं। केवल इतिहास ही इसका उचित न्याय कर सकता है। कालपुरुष की आँख के लिए यथासमय यह दर्शन सुलभ होता है।

□

13

मृत्यु मीमांसा

व्यक्ति जब समझदार होता है, उस समय से उसे जिससे सबसे अधिक भय लगता है, उस भयप्रेरक पदार्थ का नाम मृत्यु है। मृत्यु निश्चित है और उससे कोई भी जातक कभी भी उबर नहीं सकता, यह जानते हुए भी व्यक्ति चाहे जितना ज्ञानी हो, फिर भी मृत्यु के साक्षात्कार की बात ये भयभीत हो जाता है। इस मानवीय लक्षण के विषय में महाभारत में से कोई निश्चित (स्पष्ट) मार्गदर्शन प्राप्त किया जा सके, ऐसे कथानकों के विषय में कुछ कहेंगे? मृत्यु के आगमन के पूर्व व्यक्ति इस तत्त्व को सरलता से किंचित् समझ सके और साक्षात्कार के क्षण उसका भय कम हो, ऐसी जो घटनाएँ या चिंतन महाभारत में प्रकट हुए हों, इस विषय में थोड़ी बात करेंगे?

'आश्वमेधिक पर्व' में पितामह भीष्म ने शरशय्या पर लेटे हुए पौत्र युधिष्ठिर का जो मार्गदर्शन किया है, उसे मृत्यु और अमरत्व, इन दोनों शब्दों को एक ही श्लोक में बहुत ही मार्मिक ढंग से स्पष्ट किया है। वह श्लोक इस प्रकार है—

द्व्यक्षहस्तु भवेन्मृत्युस्त्रय क्षरं ब्रह्म शाश्वतम्।
ममेति द्व्यक्षरो मृत्युर्न ममोति च शाश्वतम्॥

(आवश्मेधिक पर्व, अ. 13, श्लोक 3)

संसार में तो 'मम' अर्थात् मेरापन यानी कि मोह और ममता ही सच्ची मृत्यु है, और 'नमम' यानी कि किसी भी पदार्थ में मेरापन न होना, अर्थात् मोह का अभाव ही तो अमरत्व है और वही ब्रह्म है।

पितामह की यह बात अन्यत्र वासुदेव कृष्ण ने भी कही है। उन्होंने कहा है कि 'मम' तत्त्व मोह है और मोह ही मृत्यु का सच्चा कारण है। मोह का आवरण हट जाने के बाद मृत्यु स्पर्श नहीं करती।

मृत्यु से मुक्त होने का ऐसा ही एक प्रश्न ने 'उद्योगपर्व' में राजा धृतराष्ट्र और ऋषि सनत्सुजात के बीच के संवाद में स्थान पाया है। धृतराष्ट्र प्रश्न पूछता है कि हे ऋषिवर! आप कहते हैं कि मृत्यु जैसी कोई चीज है ही नहीं और दूसरी ओर देवों व दानवों द्वारा अमर होने के लिए किए गए उपायों की बात करते हैं, तो इन दोनों में सत्य क्या है? ऋषि सनत्सुजात राजा के इस प्रश्न के उत्तर में मोह ही मृत्यु है, ऐसा ध्रुववाक्य तो कहते ही हैं, पर यह मोह किससे उत्पन्न होता है, इसे समझाते हुए अप्रमाद की बात करते हैं, तो इन दोनों में सत्य क्या है? ऋषि सनत्सुजात राजा के इस प्रश्न के उत्तर में मोह ही मृत्यु है, ऐसा ध्रुववाक्य तो कहते ही हैं, पर यह मोह किससे उत्पन्न होता है, इसे समझाते हुए अप्रमाद की बात करते हैं। यह अप्रमाद यानी कि इच्छा का नाश। कामनाओं को उत्पन्न ही न होने दें, फिर मृत्यु का भय ही नहीं। मृत्यु का भय इसलिए है कि अंतिम क्षण में भी कामनाओं और इच्छाओं का अंत ही नहीं। कई कामनाएँ अतृप्त हैं और यह अतृप्ति ही भय के आवरण का निर्माण करती है। इस अतृप्ति को जनमने ही न दें, फिर यह आवरण रहेगा ही कहाँ से? न रहेगा बाँस, न बजेगी बाँसुरी।

महर्षि व्यास ने अपने इस कालजयी ग्रंथ के सृजन के पूर्व जिन उद्दिष्ट विषयों की सूची दी है, उसमें यह स्पष्ट तो किया ही है कि—'जरामृत्युभव्याधि भावाभाव विनिश्चयम्' अर्थात् जरावस्था, मृत्यु, भय, व्याधि, भाव तथा अभाव

का यहाँ विचार किया गया है। यहाँ भाव तथा अभाव होने और न होने के पर्याय हैं। यह नहीं होना ही तो मृत्यु है। इस प्रकार व्यास जैसे मेधावी मनीषी मृत्यु के विषय में चिंतन न करें, यह तो हो ही नहीं सकता। इसमें भी जिस कथा में अठारह अक्षौहिणी सेना अर्थात् लगभग सैंतालीस लाख जीवों का अठारह दिनों में नाश हुआ हो, उस कथा में मृत्यु के विषय में अवश्य ही मीमांसा हुई होगी।

'अनुशासन पर्व' के पहले ही अध्याय में किसा गौतमी के कथानक द्वारा महाभारतकार ने इस मृत्यु-मीमांसा के विषय में बहुत ही सुंदर मार्गदर्शन समग्र मानवजाति को अतिशय सरलता से दिया है। यह कथा समस्त मृत्यु-मीमांसा पर विराम लगा दे, ऐसी है।

गौतमी नाम की एक वृद्धा ब्राह्मणी के पुत्र की सर्पदंश के कारण मृत्यु हो गई। इस निर्दोष ब्राह्मणपुत्र की मृत्यु का कारण बननेवाले उस सर्प पर अर्जुनक नाम का एक पारधि (बहेलिया) अत्यंत क्रोधित हुआ और उसने इस हत्यारे सर्प को अपने जाल में पकड़ लिया। इस सर्प को उस अभागी माता गौतमी के समक्ष प्रस्तुत करके अर्जुनक ने कहा, "हे माता! तुम्हारे पुत्र का नाश करनेवाले इस सर्प का तुम कहो, उस तरह वध करूँ!"

यह सुनकर सर्प ने कहा, "हे मूर्ख अर्जुनक! इस ब्राह्मणी के पुत्र की मृत्यु के लिए तू मुझे क्यों दोषी ठहरा रहा है? मैं तो निमित्त मात्र हूँ। असली कारण तो मृत्यु की प्रेरणा है। मैंने तो इस प्रेरणा से प्रेरित होकर ही यह दंश दिया है।"

सर्प ने इस तरह मृत्यु पर दोषारोपण किया तो स्वयं मृत्यु ने ही प्रत्यक्ष होकर कहा, "हे सर्प! तू मुझ पर दोषारोपण करे, यह न्याय नहीं। वास्तव में मेरी प्रेरणा तो काल द्वारा प्रेरित होती है! जिस प्रकार तू इस बालक की मृत्यु का कारण नहीं, उसी तरह मैं भी इसका कारण नहीं। असली कारण तो काल ही है।"

काल पर किए इस दोषारोपण को निवारने के लिए स्वयं काल वहाँ सदेह उपस्थित होता है। अर्जुनक व्याध, सर्प और मृत्यु इन दोनों के बचावनामे

को स्वीकार नहीं करता। इसके विपरीत जिस वृद्धा की व्यथा के कारण अर्जुनक के मन में रोष और करुणा उभरी थी, वह ब्राह्मणी गौतमी तो व्याध से विनती करती है कि सर्प को मुक्त कर देना चाहिए, क्योंकि सर्प का वध करने से उसका पुत्र वापस नहीं आ जानेवाला है।

अब काल अपना बचाव करते हुए कहता है—हे व्याध! इस बालक की मृत्यु के लिए तुम समझते हो, उस तरह सर्प जिम्मेदार नहीं है। इसी प्रकार, जैसाकि सर्प का मानना है, इसके लिए मृत्यु को भी दोष देना निरर्थक है। इसके साथ ही इसके अंत के लिए काल को यानी कि मुझे निमित्त बताना भी उचित नहीं। सच्ची बात यह है कि मरण का सही कारण मात्र प्रत्येक जीव के अपने कर्म ही होते हैं! कर्म मात्र परस्पर का प्रयोजन होता है। कर्म और कर्ता का संबंध धूप और छाया के संबंध जैसा होता है। इस बालक की यह अपमृत्यु भी उसके कर्म के अधीन ही है।''

इस समग्र संवाद के अंत में स्वयं गौतमी सभी को निरपराध ठहराती है और अर्जुनक व्याध का रोष भी शांत होता है। यहाँ यह पूरा चिंतन कर्म को ही प्राधान्य देता है।

मृत्यु अवश्यंभावी है, निश्चित है और फिर भी वास्तविक नहीं है। मोह और ममत्व ही मृत्यु को भयप्रद बनाते हैं। मृत्यु एक इच्छित और अनिवार्य प्रक्रिया है और इसका निर्माण प्रत्येक मनुष्य अपने कर्मों द्वारा ही निश्चित करता है तथा इस प्रकर यह चक्र अंत में स्थिर होता है मनुष्य के अपने ही कर्मों पर ही! मृत्यु के समक्ष निर्भीकता अर्जित करने की इस मीमांसा के बीच भी हस्तिनापुर के अंतिम प्रतापी कुरुवंशज परीक्षित की मृत्यु की घटना को परखना रसप्रद होगा। इस घटना के विषय में महाभारत और भागवत में अलग-अलग कथानक हैं।

भागवत के कथानक के अनुसार शमिक ऋषि के पुत्र श्रृंगी ने अपने पिता की राजा द्वारा की गई अवहेलना से क्रोधित होकर जो शाप दिया, उसके अनुसार सातवें दिन परीक्षित को नाग डसेगा और उससे राजा की मृत्यु होगी, ऐसा निश्चित था। मृत्यु की यह बात जानकर राजा ने गंगातट पर बैठकर

शुकदेवजी से श्रीमद्भागवत की कथा का श्रवण किया और शांतिपूर्वक अपना देहधर्म पूर्ण किया। यह कथानक मृत्यु के समक्ष परीक्षित की निर्भीकता और स्वस्थता को केंद्रित करता है। इससे एकदम विपरीत कथानक महाभारतकार हमें देता है। इस कथानक के अनुसार भीष्म से लेकर अभिमन्यु तक के प्रतापी पूर्वजों का यह वंश मृत्यु के नाममात्र से कैसा भयभीत हो गया और कैसे बचकाने उपायों से बचने के प्रयत्न किए, इसकी बात करता है। शाप की बात जानते ही राजा ने मंत्रियों की सलाह ली और नगर से दूर एकदंडी महल बनवाकर उसके सबसे ऊँचे खंड में निवास किया। यहाँ तमाम प्रकार की औषधियों, वैद्यों तथा मंत्रसिद्ध ब्राह्मणों की भी व्यवस्था की। इस महल में दाखिल हुई रूपा भी बाहर निकले तो उसका भी नियंत्रण हो सके, ऐसी मुस्तैदी रखी गई। महल के चारों ओर सैनिकों द्वारा सबकुछ सुरक्षित किया गया।

सातवें दिन एक रसप्रद घटना घटी। कश्यप नाम का एक ब्राह्मण विषमुक्ति की विद्या का ज्ञाता था और उसने राजा को तक्षक के संभावित दंश से मुक्त करके उसके पास से प्रभूत मात्रा में धन प्राप्त करने की इच्छा की। कश्यप राजा के महल की ओर आ रहा था तो उसके मंत्रज्ञान से परिचित नागराज तक्षक ने उसका मार्ग रोका। कश्यप यदि सफल हो जाएगा तो शृंगी ऋषि का शाप व्यर्थ जाएगा और तक्षक का राजा को डसना भी निरर्थक हो जाएगा। तक्षक ने कश्यप से पूछा, "हे ब्राह्मण! अपनी इस विद्या का प्रयोग करके आप किसलिए राजा को बचा लेना चाहते हैं?" जवाब में कश्यप ने अपनी वित्तेषणा (वित्त लालसा) प्रकट की तो तक्षक ने ब्राह्मण की इस निर्बलता को पकड़ लिया। संसार का भ्रष्टाचार का सबसे पहला दर्ज किया हुआ दस्तावेज यहाँ हमें प्राप्त होता है। तक्षक ने भ्रष्टाचार के मार्ग से अपना कार्य सिद्ध किया। धनलोलुप ब्राह्मण को उसने उसकी अपेक्षा से भी अनेक गुना धन देकर राजा को बचाने के उसके निर्णय से उसे च्युत किया।

अब निर्भय हो चुके तक्षक ने फल और फूलों से भरे पात्र में प्रवेश कर एकदंडी महल के सुरक्षित कक्ष में राजा के एकदम निकट अपना स्थान

निश्चित कर लिया। सातवें दिन की साँझ पड़ चुकी थी और अब मैं निर्भय हूँ, यह मानकर राजा निश्चिंत हो गया था। ठीक उसी समय तक्षक ने उसे डस लिया और राजा चीत्कार करके, भयभीत होकर ढल पड़ा तथा उसे मरता हुआ देखकर मंत्रिगण शोकातुर होकर वहाँ से पलायन कर गए।

इस प्रकार मृत्यु के विषय में राजा परीक्षित की ये दो भिन्न-भिन्न कथाएँ हमें एक नई दिशा में खींच ले जाती हैं। मृत्यु की निश्चितता जानने के बाद एकदंडी महल हो, पूर्ण सुरक्षा-व्यवस्था हो या मंत्रशक्ति के ज्ञाता हों, कोई कुछ नहीं कर सकता। इस प्रकार के बचने के प्रयास व्यर्थ तो होते ही हैं, पर गौरवहीन और हास्यास्पद भी बन जाते हैं। इसके विपरीत इसे समझदारी से स्वस्थता के साथ स्वीकार करने से मनुष्य को गौरव तो प्राप्त होता ही है, साथ ही चिरकाल तक यह गौरव बना भी रहता है।

इन दोनों में से किस मार्ग को स्वीकार करें, यह व्यक्ति की गुणवत्ता और क्षमता पर आधारित है।

□

14

अतिरेक का अस्वीकार

गुजराती के राष्ट्रकवि झवेरचंद मेधाजी ने स्वतंत्रता की लड़ाई के समय पुणे में गांधीजी द्वारा शुरू किए गए अनशन व्रत के प्रसंग में 'अंतिम सलाम' नाम की जो कविता लिखी थी, उसमें भारत माता की संतानों ने जाने-अनजाने भूतकाल में जो पाप किया है, उसका उल्लेख किया है। ऐसे पापों की सूची में अर्जुन द्वारा खांडव वन को जलाए जाने की घटना को घोर पाप के रूप में निरूपित किया है। इस घटना में असंख्य जीवों की आहुति ली गई थी। महाभारतकालीन आर्यावर्त में इस प्रकार की अन्य कोई घटना घटी नहीं। इस घटना को जातिवैमनस्य के रूप में पहचानें तो इसका संदर्भ आज की घटनाओं में किस सीमा तक प्रतिध्वनित होता है? खांडववन की घटना के विविध पहलुओं को आज के संदर्भ में किस तरह समझाया जा सकता है?

महाभारतकालीन समाज बहुधा आर्यों के विभिन्न कुलों और परिवारों से आच्छादित है। इसके बावजूद तत्कालीन आर्यावर्त आज का संपूर्ण

भारतीय उपमहाद्वीप होने की संभावना नहीं। आर्यकुल वायव्य दिशा में आज के अफगानिस्तान और उससे भी आगे के प्रदेश तक फैला हुआ रहा. हो, ऐसा लगता है। ईशान्य दिशा में हिमालय पर्वतमालाओं के बीच में आज हम जिसे तिब्बत कहते हैं, उसे त्रिविष्टम के रूप में महाभारत युग ने पहचाना है। आर्य आज के असम यानी कि भौमासुर के प्रागज्योतिषपुर तक फैले हुए थे, पर ब्रह्मदेश अथवा नर्मदा के दक्षिण का प्रदेश उनके प्रभाव से मुक्त रहा होगा, ऐसा लगता है। हालाँकि पंडित सातवलेकरजी कोंकण अर्थात् महाराष्ट्र के पश्चिमी प्रदेश को इस काल के आर्यों के साथ अन्य जातियों के संघर्ष का केंद्र-स्थान मानते हैं। पश्चिम में द्वारका तक आर्य फैले हुए थे।

इसके बावजूद आर्यों की सर्वोपरिता का अविरोध स्वीकार हुआ हो, ऐसा लगता नहीं। तिब्बत में निवास करती देवजाति के साथ आर्यों ने कभी सद्‌भावपूर्ण मैत्री तो कभी संघर्ष भी किए हों, ऐसे प्रसंग हैं। वायव्य के गांधार प्रदेश (आज का अफगानिस्तान) के उस पार आज जहाँ ईरान और इराक बसे हैं, वहाँ की प्रजा असुर के रूप में जानी जाती रही हो, ऐसा संभव है। इतिहास में ईरान, इराक का यह प्रदेश असीरिया के रूप में जाना जाता है। वर्तमान इराक की राजधानी बगदाद से 90 किलोमीटर दूर स्थित बेबीलोन नगर ही भस्मासुर की शोणितपुर नगरी रही हो, ऐसा संभव है। बेबीलोन शब्द का अर्थ स्थानीय भाषा में 'लहू का नगर' होता है और शोणितपुर में स्थित शब्द 'शोणित' भी रक्त को ही सूचित करता है। इसके अलावा तत्कालीन आर्यावर्त में आर्यों के प्रति शत्रुता रखती हो, ऐसी सबसे समर्थ और समृद्ध जाति के रूप में नाग लोगों का उल्लेख है। एक ऐसी संभावना है कि आर्यों के ये परिवार गंगा-यमुना के प्रदेश में अपनी सैनिक शक्ति के बल पर फैलते गए, इस प्रकार उस समय वहाँ रहती नाग जाति के परिवार पलायन कर गए हों और उनमें से कुछ उत्तर-पूर्व के प्रदेश में तथा कुछ परिवार महाराष्ट्र के पश्चिमी समुद्रतट पर कोंकण में जाकर बस गए होंगे। इस नागजाति के शेष परिवार आर्यावर्त में ही खांडव वन में बसे हों, ऐसा लगता है। खांडव वन का यह प्रदेश हस्तिनापुर

के आस-पास रहा हो, ऐसा कहा जा सकता है।

हस्तिनापुर का राज्य जब पांडवों और कौरवों के बीच विभाजित हुआ तो पांडवों के हिस्से में खांडवप्रस्थ के रूप में जाना जानेवाला यह प्रदेश आया। यह प्रदेश अरण्य और घने जंगलों से भरा हुआ था तथा पांडवों ने यहाँ इंद्रप्रस्थ नगर बसाया था, ऐसी स्पष्टता महाभारत में है। अपनी राजधानी इंद्रप्रस्थ के नजदीक में ही, साथ आर्यकुल के पूर्वजों ने आधिपत्य के लिए सतत संघर्ष किए हों, ऐसे नागकुल की प्रजा यदि बसती हो तो रक्षा की दृष्टि से इंद्रप्रस्थ सुरक्षित नहीं कहा जा सकता।

महाभारत में जो कथा कही गई है, उसके अनुसार इंद्रप्रस्थ के बाहर विहार के लिए यमुनातट पर गए अर्जुन, कृष्ण तथा अन्य परिवारजन जब इस स्थल पर विश्रांति ले रहे थे, उस समय ब्राह्मण रूपधारी अग्नि ने अर्जुन के पास आकर प्रार्थना की कि अर्जुन खांडव वन का दहन करके उसमें रह रहे नागजाति के लोगों का आहार उन्हें करने दें। इसका कारण बताते हुए अग्नि ने कहा कि पूर्व में श्वेतिक नाम के एक राजा ने सौ वर्ष तक चले, ऐसा प्रचंड यज्ञ किया था और इस यज्ञ में सतत बारह वर्ष तक अग्नि की ज्वालाओं को उसने अविरत घी की धारा द्वारा तृप्त किया था। बारह-बारह वर्ष तक सतत घी का पान करने से अग्निदेव तृप्त तो हुए, परंतु वे जीर्ण और निस्तेज हो गए। अतिशयता के कारण जीर्ण और निस्तेज हो जाने की बात एक तरह से सूचक भी है। घी अग्नि का उत्तम-आहार है, यह सही है, पर चाहे जितना भी उत्तम आहार हो, यदि व्यक्ति मात्राभान भूलकर उसे ग्रहण करता है तो उससे उसकी तेजस्विता बढ़ती नहीं बल्कि नष्ट होती है; इतना ही नहीं, सामर्थ्य का भी नाश हो जाता है और व्यक्ति जीर्ण हो जाता है। अतिशयता का यह अस्वीकार लक्ष्य में रखने लायक है। अग्नि जैसी प्रचंड दैवी शक्ति भी यदि प्रमाणमान का खयाल न करे और विवेकपूर्ण ढंग से ग्रहण न करे तो उसका पतन भी निश्चित ही है।

अपनी इस अवस्था का निराकरण खांडव वन में बसनेवाले लोगों का आहार करने से हो सकेगा, ऐसा ब्रह्म का वचन प्राप्त कर अग्नि ने इस

खांडव वन को भस्म करके उसमें रहनेवाली प्रजा का भक्षण करने का इसके पहले अनेक बार प्रयास किया था। खांडव वन में रहती नागप्रजा के अधिपति के रूप में तक्षक नाग था और इस तक्षक नाग के इंद्र के साथ मैत्रीपूर्ण संबंध थे। अग्नि जब भी खांडव वन को भस्म करने का प्रयास करती, तब तक्षक की विनती से इंद्र अपने साथी वरुण के माध्यम से वर्षा की धारा कराते और उस प्रकार अग्नि के प्रयत्न सफल नहीं होते थे।

निराश हुए अग्निदेव ने अर्जुन से सहायता की याचना की और अर्जुन ने इस खांडव वन का दहन करना स्वीकार तो किया, परंतु उसके पास शस्त्र या रथ कुछ भी उपलब्ध नहीं था। इसके उपाय के रूप में स्वयं अग्नि ने ही अर्जुन को कभी कम न हों, ऐसे बाणों का तूणीर और गांडीव धनुष दिए तथा जिसके ध्वज में हनुमान चित्रित हैं, ऐसा रथ भी दिया। इसके पहले यह सुविख्यात गांडीव धनुष और कपिध्वज रथ अर्जुन के पास नहीं थे और कुरुक्षेत्र के महायुद्ध में भी इन दोनों के द्वारा ही अर्जुन ने विजय प्राप्त की थी, इसे भी ध्यान में रखना चाहिए। इस क्षण धनुर्विद्या की अविरत प्राप्ति को अर्जुन की आजीवन इच्छी रही है, यह भी याद रखना चाहिए। जब भी अवसर मिला तब जहाँ से भी प्राप्त की जा सकती है, वहाँ से शास्त्रास्त्रों की विद्या अर्जुन सतत प्राप्त करता रहा है। यहाँ भी गांडीव तथा कपिध्वज रथ के बदले में अर्जुन ने एक तरह से अपनी शस्त्रप्रीति और दूसरी तरह से खांडव वन का नाश करके इंद्रप्रस्थ को अधिक सुरक्षित करने की दीर्घदृष्टि प्रकट की हो, ऐसा मानना अधिक तार्किक है।

खांडव वन में बसनेवाले नाग लोगों के साथ कुरुवंशियों को और विशेष रूप से पांडवों को कोई वैर रहा हो, ऐसा कहीं भी निर्दिष्ट नहीं है। इस संदर्भ में अर्जुन द्वारा किया गया खांडव वन दहन अधिक प्रदेशों पर सत्ता प्राप्त करने के लिए और इंद्रप्रस्थ के एकदम निकट बसती आर्य-विरोधी जाति का नाश करने की साम्राज्यवादी नीति का ही एक भाग रहा हो, ऐसा कहा जा सकता है। इसके अलावा खांडव वन का प्रदेश बहुत घना

और भूलभुलैया भरा था। अन्य आर्यकुलों के साथ भी यदि विग्रह का क्षण आए तो शत्रु ऐसे प्रदेश में गुप्त रूप से सुरक्षित रहकर इंद्रप्रस्थ को परेशान करेंगे, ऐसी तर्कपूर्ण सैनिक गणना भी लक्ष में रखनी चाहिए। इन सारी बातों पर विचार करके अर्जुन ने अग्नि के साथ शस्त्रों के बदले में यह कृत्य किया हो, ऐसा संभव है।

खांडव वन दहन का जो चित्र महाभारत के 'आदि पर्व' में आलेखित हुआ है, वह अतिशय क्रूर तथा बीभत्स है। अर्जुन ने इस वन में आग लगाकर बाद में वन के बाहर जानेवाले मार्ग पर खड़े होकर, जो अपना प्राण बचाने के लिए भाग रहे थे, ऐसे शतसहस्रस: अर्थात् लाखों प्राणियों को मार डाला तथा जिन्होंने अपने बच्चों को गले से लिपटाया था, ऐसे असंख्य स्त्री-पुरुषों की भी हत्या कर डाली। अर्जुन के शस्त्राघात से बचने के लिए भाग रहे अनेक प्राणी वापस अग्नि में कूद पड़े तथा असंख्य पक्षी और असंख्य अन्य प्राणी नष्ट हो गए। इंद्र द्वारा बरसाई गई वर्षा का भी अर्जुन ने अपने दिव्य अस्त्रों द्वारा प्रतिकार किया और बरसती वर्षा बादलों में ही शोषित हो गई। इस प्रकार खांडव वन के आकाश में काले बादलों, अर्जुन के बाणों तथा भूमि पर अग्नि की प्रचंड ज्वाला, इन दोनों के बीच धुएँ के गुब्बार छा गए और प्राणियों को घुटकर मरण की शरण में जाना पड़ा।

अर्जुन द्वारा किए गए इस जघन्य मानवसंहार का एक विशेष ध्यान देने योग्य पहलू यह है कि इस विनाश को श्रीकृष्ण का अनुमोदन भी मिला था। इस समग्र घटना में अर्जुन जितने ही कृष्ण भी सहभागी थे। कृष्ण की उपस्थिति में यह हुआ है; इतना ही नहीं, कृष्ण ने यह कृत्य करने के लिए अर्जुन को प्रोत्साहित किया था। कुरुक्षेत्र के मैदान में एक निर्दोष टिटिहरी का बच्चा भी न मरे, इसकी सावधानी रखनेवाले कृष्ण ने खांडव दहन की घटना में जो रुख लिया है, वह कृष्ण के व्यक्तित्व को समझने में जो प्रश्न अनुत्तरित रहते हैं, उनमें से एक है। सुरक्षा अथवा अन्य राजकीय दृष्टि से खांडव वन का प्रदेश प्राप्त करना अनिवार्य रहा हो तो भी जो निर्मम और

क्रूर हत्याकांड किया गया था, उसका बचाव किया ही नहीं जा सकता। इसके साथ ही पूर्व-जीवन में कृष्ण जब गोकुल में रह रहे थे, उस समय कालिय नाग के साथ उनका जो वैमनस्य हुआ था, उस प्रसंग में उनके मन में व्यक्ति कालिय के बदले समग्र नागजाति के लिए घृणा पैदा हुई हो, ऐसी संभावना है। इसके बावजूद कृष्ण के विराट् व्यक्तित्व को लक्ष में लेते हुए तथा प्राणिमात्र के प्रति उनके कारुण्यमयी प्रेम के प्रसंगों को ध्यान में रखते हुए ऐसी घृणा उन्होंने पाली हो, यह जल्दी स्वीकार न किया जा सके, ऐसा तर्क है।

इस समग्र घटना को एक अन्य प्रकार से भी मूल्यांकित किया जा सकता है। आर्य सप्तसिंधु के प्रदेश में विजेता बने थे और नागप्रजा पराजित हो चुकी थी। यह पराजित प्रजा अल्पसंख्यक भी थी। विजेता व बहुसंख्यक प्रजा कभी-कभी इस तरह पराजित व अल्पसंख्यक प्रजा का क्रूरतापूर्वक संहार करती है, ऐसे प्रसंग मानव इतिहास में जगह-जगह देखने को मिलते हैं। आज भी अफ्रीका और यूरोप के कई प्रदेशों में जो आंतरिक विग्रह होते हैं, उनमें इस मनोवृत्ति का मूल देखने को मिलता है। विजेताओं को सदैव यह बात लक्ष में रखनी चाहिए कि पराजितों या अल्पसंख्यकों का संपूर्ण नाश हमेशा के लिए कभी नहीं किया जा सकता है। इक्कीस बार पृथ्वी को क्षत्रियविहीन करने के बाद भी परशुराम अपने अभियान में सफल नहीं हुए थे। यह बात नागप्रजा और आर्यप्रजा के संघर्ष में भी देखी जा सकती है।

खांडव वन दहन में से सुरक्षित बच गए तक्षक नाग तथा उसका पुत्र अश्वसेन पांडवों से प्रतिशोध लेने के लिए कैसे-कैसे प्रयत्न करते हैं, इसकी कथा भी जानने योग्य है। अश्वसेन ने अर्जुन का नाश करने के लिए कुरुक्षेत्र के युद्ध के दौरान सेनापति कर्ण से विनती की है कि यदि कर्ण अश्वसेन को अपने बाण पर लपेटकर अर्जुन के रथ तक पहुँचा दे तो वह अर्जुन को मार डालेगा। कर्ण ने अश्वसेन की इस माँग को स्वीकार नहीं किया था और कहा था कि वह इस प्रकार की दूसरे किसी की सहायता लेकर यदि अर्जुन का

वध करेगा तो इसमें उसका गौरव क्या? अश्वसेन की असफलता के बाद भी अर्जुन और इस तरह समग्र पांडवों के प्रति वैरवृत्ति रखनेवाली नागप्रजा ने अपने वैर का शमन नहीं किया। पांडवों के जीवनकाल के दौरान वैर-तृप्ति न कर सकनेवाले तक्षक नाग को जब पांडवों के एकमात्र वंशज परीक्षित का नाश करने का अवसर प्राप्त हुआ तो उसने वर्षों से अधूरी रही वैरभावना पूर्ण की है। परीक्षित को डसने के लिए जा रहे तक्षक ने राजा को पुनर्जीवन दे सकने के लिए समर्थ ब्राह्मण को मार्ग में ही ढेर सारा धन देकर वापस लौटा दिया और अपने आपको पुष्पों और फलों की टोकरी में छुपाकर वह परीक्षित के एकदम पास पहुँच गया और उसका संहार भी किया।

यह संहार और वैरभावना यहीं समाप्त नहीं हुई। परीक्षित के पुत्र जनमेजय ने 'सर्पसत्र यज्ञ आरंभ' किया और तमाम नाग उसमें होम होकर नष्ट हो जाएँ, ऐसा प्रचंड अभियान शुरू किया। इस अभियान में नागों की शेष संख्या भी भस्मीभूत होने लगी तो आस्तिक ऋषि ने आकर इस संहार की व्यर्थता जनमेजय को समझाई और इस यज्ञ को रोकने का वचन प्राप्त कर लिया। ये आस्तिक ऋषि भी आर्य पिता जरतकारु और नागजाति की स्त्री के संसर्ग से जनमे थे। इस प्रकार उनमें आर्य तथा नाग, दोनों जाति के मिश्र संस्कारों का सिंचन हुआ था।

निश्चित भूखंड में रहती भिन्न-भिन्न प्रजाओं को इस घटना से एक सर्वमान्य संकेत ग्रहण करने लायक है कि जब तक ये विविध वर्ग मिश्रभाव से एक वाक्यता का निर्माण नहीं करते हैं, तब तक वैरभावना और परस्पर रक्तपिपासा शांत नहीं होगी। आज भी विश्व में कोई भी प्रदेश किसी एक निश्चित जाति का ही संपूर्ण प्रदेश हो, ऐसा रहा नहीं। धर्म, भाषा नृवंश शास्त्र के सिद्धांत, इस प्रकार मानवजाति अलग-अलग वर्गों में बँटी हुई है। इस विविधता के बीच यदि एकता का निर्माण न किया जा सके तो सदैव खांडव वन की ज्वालाएँ धधकती रहेंगी और परीक्षितों के वध होते ही रहेंगे। यदि कोई विजेता ऐसा मानता हो कि किसी अन्य प्रजा को बाहुबल से सदा

के लिए पराजित रखा जा सकता है तो यह धारणा सच्चाई से बहुत दूर है। कुचली हुई प्रजा में भी वैरभावना ज्वलंत ही रहती है और जब भी अवसर प्राप्त होता है तो हत्याकांड हुए बिना रहते नहीं।

खांडव वन के दहन के अंत में अश्वसेन और तक्षक नाग के अतिरिक्त नागप्रजा का स्थपति (राजगीर) कहा जा सके, ऐसा मयदानव भी सुरक्षित बच गया था। मेरे प्राण की रक्षा हुई, इसमें कृतज्ञता से प्रेरित होकर उसने कृष्ण से प्रार्थना की है कि कृष्ण का कोई भी एक इच्छित काम वह कर देगा। इस मयदानव के समक्ष कृष्ण ने अपनी जो इच्छा व्यक्त की है, उस इच्छा के संदर्भ में देखें तो खांडववन-दहन के अर्जुन के इस कृत्य को कृष्ण का मिला यह अनुमोदन और भी गहरा हो जाता है, और भी गहरे प्रश्न खड़ा करता है। कृष्ण ने मयदानव से कहा कि उन्हें तो मयदानव से कुछ भी नहीं चाहिए, पर मय यदि उनका कोई कम करना ही चाहता है तो उसे पांडवों द्वारा नई बसाई हुई नगरी इंद्रप्रस्थ में पांडवों के लिए एक महल का निर्माण करे। इस प्रसंग में इंद्र के पास से भी कृष्ण ने अपने लिए कुछ नहीं माँगा और उन्हें सतत अर्जुन का प्रेम ही मिलता रहे, ऐसी भावना प्रकट की है। स्वयं तो वे अर्जुन के प्रेम से ही संतुष्ट हैं, ऐसा कहकर उन्होंने अर्जुन का तो गौरव किया ही है, पर प्रेम नाम के पदार्थ को भी उच्चतम भूमिका पर रख दिया है। किसी का प्रेम और वह भी अपने प्रिय पात्र का प्रेम सतत प्राप्त करते रहना दुष्कर है और इसलिए उसकी प्राप्ति अधिक मूल्यवान है, इसका मानो कृष्ण ने संकेत दे दिया है। अर्जुन कृष्ण के ऐसे प्रेम के लिए इच्छा प्रकट करते हैं तो यह सहज मानवीय इच्छा कही जा सकती है, पर यहाँ तो स्वयं कृष्ण ने ऐसी अभीप्सा प्रकट करके प्रेम पदार्थ का प्रचंड ऊर्ध्वमूलन किया है।

भारतीय संस्कृति की परंपरा में हम जिसे घोर नरसंहार कहते हैं, ऐसी घटनाएँ बहुत कम देखने को या जानने को मिलती हैं। युद्ध जैसे प्रसंग में संहार हो, यह समझा जा सकता है, फिर भी युद्ध के भी अपने विशेष नियम

रहे हैं; हालाँकि ऐसे नियमों के अनुसार अधिकांशतः युद्ध नहीं हुए हैं, यह स्वीकार करना चाहिए। निःशस्त्र सैनिक हों, शरण में आया हुआ शत्रु हो, वृद्ध बालक या स्त्री हो, ये सभी अवध्य माने गए हैं। इस उच्च सांस्कृतिक मूल्य का ह्रास करके खांडव वन का दहन हुआ है। इस अर्थ में राष्ट्रकवि मेघाणी ने इस कृत्य को 'हिंद माता' के एक पाप के रूप में आलेखित किया है तो उसमें कोई अनौचित्य नहीं। मात्र भारतीय परंपरा में ही क्यों, समग्र सुसंस्कृत मानवजाति के इतिहास में इस प्रकार का नरसंहार हमेशा निंद्य माना गया है। यह संहार परमाणु बम द्वारा नष्ट हुए हिरोशिमा और नागासाकी जैसे शहरों का हो या फिर कॉन्सनट्रेशन कैंपों या गैस चैंबरों में होम हुए निर्दोष नागरिक हों, इन सब को सदासर्वदा पाप ही मानना चाहिए।

□

15

आर्येतर स्त्रियों का विवाह-बंधन

महाभारतकालीन विवाह व्यवस्था में बहुपत्नीत्व तो ठीक, बहुपतित्व का भी अस्तित्व दिखाई देता है। इसके बावजूद एक पतित्व अथवा एक पत्नीत्व को उम्दा आदर्श के रूप में स्थान प्राप्त हुआ है। उस समय की विवाह-व्यवस्था के संदर्भ में हमारी वर्तमान विवाह संस्था को किसी तरह मूल्यांकित किया जा सकता है क्या?

पुरुष और स्त्री के दैहिक संबंधों को किसी निश्चित खाके में बैठाने का श्रेय यदि किसी को देना हो तो महाभारत के 'आदिपर्व' में आए ऋषि उद्दालक और उनके पुत्र श्वेतकेतु के कथानक को देना चाहिए। उसमें भी यश का अथवा अपयश का असली अधिकार पुत्र श्वेतकेतु के भाग में जाता है। इस कथा के अनुसार महाभारत के पहले के प्राचीनकाल में मानव-समाज के पास विवाह जैसी कोई निश्चित व्यवस्था नहीं थी। जिस काल का यहाँ उल्लेख हुआ है, उस काल में विवाह-व्यवस्था का अभाव है, पर ज्ञान और संस्कृति की दृष्टि से यह युग कोई षाषाण युग नहीं लगता। ऋषि उद्दालक और उनके पुत्र श्वेतकेतु के बीच जो संवाद होता है, वह सांस्कृतिक रूप से आदियुग का संकेत नहीं देता। विद्याभ्यास करके पुत्र श्वेतकेतु पिता के घर

वापस आया है और पिता-पुत्र के बीच ज्ञानवार्त्ता हो रही है। उसी समय एक अन्य ऋषि ने वहाँ आकर उद्दालक से उनकी पत्नी अर्थात् श्वेतकेतु की माता को थोड़े समय के लिए स्वयं को सौंपने की माँग की। इस माँग के कारण के रूप में इस ऋषि ने अपनी दैहिक आवश्यकता की पूर्ति और संतानोत्पत्ति, इस प्रकार दोहरी बात की और फिर उद्दालक की सम्मति की भी प्रतीक्षा किए बिना श्वेतकेतु की माता का हाथ पकड़कर कहा, 'चलो, हम जाते हैं।' यह दृश्य और पिता की यह मूक सहमति श्वेतकेतु के लिए असह्य थी।

पुत्र को शांत करते हुए पिता उद्दालक ने कहा, "पुत्र, रोष उचित नहीं, स्त्रियों के साथ तो ऐसा ही व्यवहार होता है।" पिता की इस बात से पुत्र का रोष और भी भड़क उठा और उसने प्रतिज्ञा ली कि इस स्वेच्छाचार को मैं अवश्य नियंत्रित करूँगा। कथा कहती है कि इसके बाद श्वेतकेतु ने जो व्यवस्था की, उसमें स्त्री-पुरुष के व्यवहार के स्वेच्छाचार पर प्रतिबंध लगा और ऐसा स्वेच्छाचार करनेवाला घोर पातकी है, ऐसा समर्थन किया। इसमें भी रोचक बात यह है कि श्वेतकेतु ने भी इस नियम में एक छूट रखी। उसने कहा कि जो स्त्री पुत्र प्राप्त करने के लिए पति की सम्मति होते हुए भी अन्य पुरुष सेवन नहीं करती, वह भी ऐसा पाप करने वाली मानी जाएगी। अर्थात् पुत्रप्राप्ति के लिए पति की सहमति लेने के बाद अन्य पुरुष के साथ का संबंध धर्म्य ही माना गया है। इस संदर्भ में दीर्घतमा नाम के एक जन्मांघ ऋषि की कथा भी याद करने जैसी है। इस ऋषि ने श्वेतकेतु द्वारा निर्मित किए गए स्त्री-पुरुष संबंधों के ढाँचे को और भी व्यवस्थित किया है। दीर्घतमा ने जो नियम बनाए, वे प्रकार हैं : अब से कोई भी स्त्री एक से अधिक पति नहीं रख सकेगी और पति की मृत्यु के बाद भी यदि कोई स्त्री दूसरे पुरुष को स्वीकार करेगी तो वह निंद्य मानी जाएगी। इसमें स्त्रियों के पुनर्विवाह की छूट तो दी गई है, परंतु ऐसे विवाह को सामाजिक स्वीकृति नहीं दी गई।

महाभारत काल में जो विवाह-व्यवस्था नजर आती है, उसमें मुख्यत: बहुपत्नीत्व का प्राधान्य तो दिखाई देता है, इसके बावजूद एक पति या एक पत्नी, इस व्यवहार को उच्च स्थान पर रखा गया है। फिर भी महाभारत में

श्रेष्ठतर कह जाने वाले तमाम पात्र एक से अधिक पत्नियाँ रखे हुए हैं। युधिष्ठिर भी इसके अपवाद नहीं रहे हैं। जिसे हम बहुपतित्व कहें, ऐसा तो द्रौपदी का एक ही उदाहरण हमारे सामने है। हालाँकि बहुपत्नित्व में भी पूर्वशर्त के रूप में तो तमाम पत्नियों के प्रति समान भाव और व्यवहार अपेक्षित है। यह अपेक्षा चंद्र और दक्ष के कथानक द्वारा स्पष्ट की है। चंद्र को 27 पत्नियाँ थीं और उनमें से एक रोहिणी के प्रति उसे अधिक प्रेम होने के कारण दक्ष ने उसे शाम दिया था। (यहाँ कुरान में चार पत्नियाँ रखने की मुसलमानों को जो छूट दी गई है, उसमें भी पूर्वशर्त यही है कि यदि पुरुष इन तमाम पत्नियों के प्रति एक समान ही प्रेम रख सके तो ही ऐसे बहुपत्नीत्व प्रथा स्वीकार्य है, इसे ध्यान में रखना चाहिए।)

महाभारत मुख्यतः आर्यकुलों की कथा है। अतः इस कथा के अधिसंख्य पात्र आर्यजातियों के बीच ही विवाह-व्यवहार से जुड़े हैं। इसके बावजूद आर्येतर जाति की स्त्रियाँ, जैसे कि गंगा, उलूपी, चित्रांगदा, हिडिंबा, शकुंतला आदि के साथ के आर्य पुरुषों के विवाहों की बातें भी आलेखित हुई हैं। यहाँ एक तुलना करने का मन किसी भी अध्ययनकर्ता को हो जाए, ऐसा दृश्य नजर में आता है। आर्येतर जाति की जो स्त्रियाँ महाभारतकालीन आर्यपुरुषों के साथ विवाह से जुड़ी हैं, उन्होंने विवाह के इस बंधन को आजीवन निभाने जैसा पवित्र नहीं माना है। इतना ही नहीं, ऐसी स्त्रियों ने आर्यकुल की पारंपरिक परिवार प्रथा की अवहेलना करके अपने स्वेच्छाचार का प्रभुत्व दरशाया है, यह बात थोड़ा विस्तार से समझने की जरूरत है।

गंगा त्रिपथगामिनी मानी गई है। उसका जन्म स्वर्गलोक में हुआ है और स्वर्ग में से वह पृथ्वी पर उतरी है। इस गंगा ने नारीस्वरूप में राजा प्रतीप को नदी के तट पर समाधिस्थ अवस्था में देखा और वह मोहित होकर प्रतीप की जाँघ पर बैठ गई। प्रतीप ने जब इस स्त्री के साथ विवाह करने से इनकार किया तो गंगा ने ऐसे तर्क किया है कि कामवश स्त्री का अनादर करना किसी भी धार्मिक पुरुष को शोभा नहीं देता। वास्तव में आर्य परंपरा में ऐसा कोई स्त्रीपात्र नहीं कि जो ऐसा तर्क करके पुरुष के साथ के व्यवहार में स्वयं पहल

करे। गंगा का व्यवहार यहीं समाप्त नहीं होता है। इस घटना के बाद जनमा राजा प्रतीप का पुत्र शांतनु जवान हुआ, तब भी यही गंगा शांतनु पर मोहित हुई और शांतुन भी मोहवश हुए। इसके बाद शांतनु के साथ विवाह करने के लिए जो शर्त गंगा ने रखी, उसमें वैवाहिक जीवन के दौरान शांतनु को पत्नी गंगा को किसी भी काम में रोकना नहीं था। इतना ही नहीं, उस काम के विषय में कोई प्रश्न भी नहीं करना था। इस प्रकार इस विवाह में कन्या का आधिपत्य आर्य विवाह-प्रथा की स्वीकृत परंपरा से अलग दिखाई देता है।

भीमसेन का हिडिंबा के साथ का विवाह भी राक्षसकुल की एक नारी के साथ हुआ था, ऐसा माना जा सकता है। हिडिंबा भी भीमसेन को देखकर मोहित हुई है और मोह से प्रेरित होकर उसने तत्काल दैहिक संबंध की माँग की है।

इसके बाद भीमसेन और हिडिंबा का विवाह तो हुआ, पर यह वैवाहिक जीवन जब तक हिंडिबा की कोख से संतान जनमे, तब तक ही रहे और उसके बाद भीमसेन पांडवों के पास चले जाएँ, ऐसा समझौता हुआ है। इसका अर्थ यह हुआ कि हिडिंबा भी सीता या द्रौपदी की तरह पति की परछाईं बनी रहने की परंपरा को स्वीकार नहीं करती। इसके बाद पुत्र घटोत्कच का जन्म हुआ, इसलिए एकाध वर्ष के अंतराल के बाद भीम पत्नी हिडिंबा को तथा पुत्र घटोत्कच को त्यागने में देर नहीं करता है।

रसिकजन वल्लभ पांडव अर्जुन ने अरण्यवास के दौरान नागजाति की दो राजकन्याओं उलूपी और चित्रांगदा के साथ विवाह किए हैं। उलूपी के साथ तो उसने बस एक ही रात शयन किया है। इस एक रात के शयन में भी पहल तो उलूपी ने ही की है। उलूपी ने ही आगे बढ़कर अर्जुन को अपनी ओर खींचा है; इतना ही नहीं, उसे अपने पिता के घर ले जाकर पिता से विवाह की सम्मति भी प्राप्त कर ली है। मणिपुर में अर्जुन ने चित्रांगदा के साथ लगभग तीन वर्ष जितना समय बिताया है और उसके बाद इन दोनों पत्नियों को छोड़कर वह वापस अपने पूर्वजीवन में व्यवस्थित हो गया है। यहाँ भी इन नागकन्याओं को एक-एक पुत्र जनमा है, पर पति-पत्नी साहचर्य से निखरता पारिवारिक जीवन इन संबंधों में चला नहीं।

शकुंतला महाभारत के मुख्य कथानक से जुड़ा हुआ पात्र नहीं है; इतना ही नहीं, उसे विशुद्ध आर्येतर कन्या भी नहीं कहा जा सकता है। राजर्षि विश्वामित्र और स्वर्गगामिनी अप्सरा मेनका के संबंध से जनमी यह पुत्री मातपक्ष से आर्येतर है। राजा दुश्यंत इस कन्या के साथ विवाह करने के बाद जब ऐसा कोई विवाह होने की बात को अस्वीकार करते हैं तो शकुंतला पति को जो ताना मारती है, वह आर्यों की स्त्री परंपरा से बिल्कुल भिन्न है। शकुंतला कहती है, "हे राजा! मैं देव भी जिसे प्रेम करते हैं, ऐसी मेनका की पुत्री हूँ और इसलिए आप से अधिक श्रेष्ठ हूँ। आप भूमि पर चलते हैं परंतु मैं जिस माता की संतान हूँ, वह अंतरिक्ष में भी चलती है। यदि आप मेरी सच्ची बात स्वीकार नहीं करेंगे तो मेरा कोई प्रयोजन नहीं, मैं चली जाऊँगी। परंतु मेरा यह पुत्र इस पृथ्वी का राजा अवश्य बनेगा।" शकुंतला के ये वाक्य कोई भी आर्य स्त्री अपने पति के हजार अपराध हों, तो भी न उच्चारे, ऐसे हैं। इसमें शकुंतला के प्रति अन्याय नहीं हुआ था, ऐसा कहने का आशय नहीं, बल्कि मात्र सांस्कृतिक भूमिका समझने का प्रयास है। (राजा दुश्यंत की खोई हुई अँगूठी शकुंतला के पास देखकर राजा को सबकुछ याद आ गया, यह बात तो सैकड़ों वर्ष बाद कवि कालिदास द्वारा उपजाकर निकाली हुई बात है और मूल कथानक में इसका कहीं उल्लेख नहीं है।)

द्रौपदी के बहुपतित्व को भी इस संदर्भ में सहज जाँचा जा सकता है। पांडव वास्तव में आर्य राजा पांडु का प्रत्यक्ष बीज नहीं। ये कथित पांडुपुत्र हकीकत में तो देवजाति के अलग-अलग पुरुषों के संपर्क से उत्पन्न हुए हैं। इस तरह जिस तरह से शकुंतला विशुद्ध आर्येतर नहीं, उसी प्रकार पांडव भी विशुद्ध आर्य नहीं। देवलोक की जो स्त्री-पुरुष संबंध की विभावना है, इसमें बहुपतित्व का कोई बहुत आग्रह रहा हो, ऐसा लगता नहीं। देवलोक की अप्सराएँ तथा अन्य स्त्रियाँ ऐसे व्यवहारों में एक से अधिक पुरुषों का स्वीकार करती हों, ऐसा स्पष्ट रूप से दिखाई देता है। इन पांडुपुत्रों का पालन-पोषण, जिसे हम त्रिविष्टप अथवा हिमालय की पर्वतमालाएँ कहते हैं, उसमें हुआ है और हिमालय की इन पर्वतमालाओं को हम देवों के धाम के रूप में सदा

बताते आए हैं। इस प्रकार परोक्ष रूप से पांडुपुत्रों पर बहुपतित्व की आर्येतर सांस्कृतिक विचारधारा फैली हो, ऐसा संभव है। राजा द्रुपद के सामने अपने इस बहुपतित्व वाले विवाह को धर्म्य बताते हुए युधिष्ठिर ने जो तर्क किया है, उसमें भी यह आर्येतर सांस्कृतिक लक्षण प्रकट हुआ हो, ऐसा लगता है।

बहुपतित्व के इस एकमात्र अपवादरूप स्वीकार के साथ हमें कुटुंब-व्यवस्था में पुत्रप्राप्ति के लिए जो अन्य स्वीकृति मार्ग महाभारत में दृष्टिगोचर होता है, उसे ध्यान में रखना चाहिए। राजा पांडु के कहने से कुंती मंत्रोच्चार द्वारा देवों को एक के बाद एक अपने पास आमंत्रित करती है और तीन पुत्रों को जन्म देती है। तीसरे पुत्र के जन्म के बाद भी जब राजा पांडु अभी और अधिक पुत्र के लिए आकांक्षा करते हैं तो कुंती ने जो कहा है, वह अतिशय सूचक है। कुंती ने कहा है कि जो स्त्री संतानप्राप्ति के लिए भी चौथी बार परपुरुष के साथ संसर्ग करती है, उसे स्वेच्छाचारिणी कहा जाता है और यदि पाँचवीं बार भी वह दूसरे पुरुष के साथ ऐसा व्यवहार करे तो उसे वेश्या ही मानना चाहिए। इसका अर्थ ऐसा भी लगाया जा सकता है कि वैवाहिक जीवन में भी पुत्र-प्राप्ति के लिए तीन बार अन्य पुरुष के साथ का व्यवहार अधर्म्य नहीं माना गया।

पांडु का माद्री के साथ विवाह कन्याविक्रय का उत्तम उदाहरण है। मद्र देश के राजा के पास जब भीष्म ने पांडु के लिए राजकुमारी माद्री का हाथ माँगा तो उस राजा ने कहा कि हमारी कुलपरंपरा में कन्याविक्रय की प्रथा है और पर्याप्त धन प्राप्त किए बिना कन्या का विवाह न करने की अपनी इस कुलपरंपरा को तोड़ना तो अधर्म कहा जाएगा। पितामह भीष्म ने इस प्रथा का अनुमोदन किया है।

स्वयंवर और अपहरण, ये दोनों स्वीकृत प्रथा रही हों, ऐसा लगता है, यद्यपि स्वयंवर का अर्थ बदल जाता रहा हो, ऐसा भी दिखाई देता है, जिसमें कन्या को अपनी पसंद का वर चुनने का अधिकार मिले, यही स्वयंवर का मूलभूत उद्देश्य था। परंतु कालांतर में इसमें परिवर्तन हुआ है और कन्या के पिता द्वारा भावी जामाता (दामाद) की कसौटी करने के लिए निश्चित शर्त पूरी

करने का आग्रह रखा गया है। इस आग्रह में कन्या की पसंदगी का फिर कोई अवकाश नहीं रहता। शल्य राजा की तीन पुत्रियों का भीष्म द्वारा किया गया अपहरण निरा सामर्थ्य का ही प्रदर्शन नहीं; क्योंकि इसके बाद स्वयं कृष्ण ने रुक्मिणी का अपहरण किया है और अर्जुन ने कृष्ण की बहन सुभद्रा का अपहरण किया है। वैसे इन तीनों अपहरणों में एक तात्त्विक भेद भी है। भीष्म द्वारा किया गया अपहरण अपने लिए नहीं था। दूसरे के लिए प्रॉक्सी द्वारा होनेवाला इस प्रकार का अपहरण किस सीमा तक धर्म्य कहा जा सकता है, यह प्रश्न उठना स्वाभाविक ही है। सुभद्रा का अपहरण करने की सलाह देते हुए कृष्ण ने अर्जुन से कहा है कि नारी का मन बहुत चंचल होता है और उसकी पसंदगी कब, किसके लिए और किन कारणों से होगी, यह कहना दुष्कर है। अतः क्षत्रियों के लिए जो धर्म्य है, उस पद्धति के अनुसार तुम इसका अपहरण कर लो। अर्जुन ने सुभद्रा का अपहरण किया और इसमें सुभद्रा की पूर्वसम्मति थी, ऐसा लगता नहीं। कृष्ण द्वारा किए गए रुक्मिणी के अपहरण में रुक्मिणी की सहमति थी, यह अंतर ध्यान देने योग्य है।

पुत्री स्त्रीधर्म में प्रवेश करे, उसके पहले ही उसका विवाह हो जाए, यह ईष्ट है, पर उसके स्त्रीधर्म में प्रवेश के बाद अधिक-से-अधिक तीन वर्ष में पिता को उसका विवाह कर देना चाहिए। तीन वर्ष के बाद भी यदि पिता अपने इस कर्तव्य का पालन करने में असफल सिद्ध होता है तो पुत्री को अपनी इच्छानुसार विवाह कर लेने की शास्त्रोक्त सम्मति प्राप्त है। (अनुशासन पर्व 44/16)

इस पूर्व उल्लेख के आधार पर एक बात स्पष्ट रूप से समझी जा सकती है कि महाभारतकार ने विवाह प्रथा को निरी व्यक्तिगत जरूरत नहीं, बल्कि सामाजिक जरूरत के रूप में भी देखा है। विवाह वास्तव में व्यक्तिगत की अपेक्षा सामाजिक ढाँचे को अधिक सुदृढ करने का एक लक्षण है। समाज का स्वास्थ्य उसमें बसनेवाले व्यक्तियों के व्यवहारों एवं विचारों पर आधारित होता है। इसके बावजूद व्यक्ति की अपेक्षा सामाजिक स्वास्थ्य अधिक महत्त्वपूर्ण है। ब्रह्मचर्य का विशेष महत्त्व स्वीकारा गया है, परंतु उसके साथ ही गृहस्थाश्रम

को भी ऊँचे और पवित्र स्थान पर रखा गया है। एक तरह से देखें तो महाभारतकाल में जो तपस्वी और ऋषि माने गए हैं, उन्होंने भी विवाह जीवन स्वीकारा ही है। वर-वधू के बीच की आयु के विषय में ठीक-ठीक विसंवाद देखने को मिलता है। वृद्ध-च्यवन ऋषि को पति के रूप में स्वीकार करनेवाली सुकन्या के उदाहरण में दोनों की आयु में बहुत बड़ा अंतर रहा हो, यह असंदिग्ध होने के बावजूद विराट नगरी में अर्जुन को अपनी बेटी उत्तरा के साथ विवाह करने के लिए राजा विराट ने कहा, उस समय उत्तरा की आयु गुड़ियों से खेलती बालिका से थोड़ी ही अधिक रही होगी, ऐसा लगता है। अपनी गुड़ियों के लिए, युद्ध में जा रहे अर्जुन से पराजित शत्रुओं के शरीर पर से वस्त्र लाने के लिए उत्तरा ने कहा था, इसे याद रखना चाहिए। अर्जुन ने राजा विराट के इस प्रस्ताव को अस्वीकार कर दिया और अपने पुत्र अभिमन्यु का विवाह उत्तरा के साथ कराया।

ज्येष्ठ भ्राता का विवाह न हुआ हो, फिर भी यदि छोटा भाई विवाह करे तो यह अधर्म कहा जाएगा, ऐसा द्रौपदी स्वयंवर के बाद तुरंत ही अर्जुन ने कहा है और इस प्रकार द्रौपदी के बहुपतित्व को समर्थन दिया है; हालाँकि इसके पहले ही भीमसेन ने हिडिंबा के साथ विवाह किया है। उस समय भी युधिष्ठिर तो अविवाहित थे, पर उस समय धर्म की यह बात किसी को याद नहीं आई।

वर्तमान काल में भी जिस विषय पर विचार करने में या तो हम दंभ करते हैं अथवा संकोच प्रकट करते हैं, वैवाहिक जीवन के ऐसे प्रश्न को महाभारतकार ने उसके तमाम परिप्रेक्ष्य में मूल्यांकित किया है। स्वर्गीय ब्रिटिश प्रधानमंत्री चर्चिल ने लोकतांत्रिक शासन प्रणाली के विषय में एक बार कहा था कि लोकतांत्रिक प्रणाली शासन की कोई सर्वोत्तम प्रणाली नहीं, परंतु जब तक दूसरी कोई अधिक अच्छी प्रणाली हमें न मिले, तब तक यह प्रणाली टिकाए रखनी जैसी है। वर्तमान विवाह-जीवन की प्रथा के लिए भी चर्चिल का यह निरीक्षण उतना ही सही है। दूसरी अधिक कोई उत्तम व्यवस्था, जो स्त्री-पुरुष संबंधों को स्थिरता दे सके, जब तक खोजी न जा सके, तब तक सामाजिक

अनुशासन और व्यवस्था के लिए यही विकल्प रहता है। महाभारतकार ने तमाम विकल्प हमारे समक्ष विशुद्ध व्यक्तिगत संबंधों और सामाजिक स्वास्थ्य के परिप्रेक्ष्य में रखे हैं। उसने कुछ भी गोपित नहीं रखा है, कोई दंभ नहीं किया। दैहिक और मानसिक संबंधों के सर्वोच्च स्वरूप से लेकर अभियांत्रित स्वरूप में लगभग पशुता के निकट पहुँच जाए, उस स्तर पर उसने इन सब की छानबीन की है। आज सैकड़ों वर्ष बाद मनुष्य ने यदि अपने अनुभवों और अपने बौद्धिक स्तर का विकास किया, तो महाभारत के पास मार्गदर्शन है। व्यक्ति देश और काल के संदर्भ में किसी भी प्रकार की जड़ता को तिलांजलि देकर इस विषय में स्थिति स्थापकता धारण करे, यही बेहतर है।

□

16

शास्त्रों की उपेक्षा करे, वह शूद्र

कर्ण सूतपुत्र था, इसलिए द्रौपदी ने स्वयंवर में उसे अस्वीकार कर दिया था। इसी प्रकार ब्राह्मण न होने के कारण परशुराम ने उसे विद्या प्रदान करने के बाद शापित किया था। एकलव्य को अपने शिष्य के रूप में द्रोण ने इसलिए अस्वीकार कर दिया था, क्योंकि वह निषाद था। सामाजिक क्षेत्र में प्रचलित यह वर्णव्यवस्था शिक्षा के क्षेत्र में भी महाभारतकाल में भी प्रचलित थी, ऐसा उपर्युक्त उदाहरणों के आधार पर कहा जा सकता है क्या? शिक्षा के क्षेत्र में उस काल में स्त्रियों को पर्याप्त अवसर प्राप्त नहीं थे, ऐसा कोई मान ले तो इसमें कोई तथ्य है क्या?

वर्णव्यवस्था भारतीय समाजरचना का वैदिक काल से ही आधार रहा है। इस वर्णव्यवस्था का, आज हम जिस प्रकार से विनियोग करते हैं, ऐसा कोई अर्थ उस समय रहा हो, यह मानना वैदिक परंपरा को न समझने के समान है। जिस तरह वर्णव्यवस्था के बारे में कहा जा सकता है, उसी तरह जन्म आधारित लैंगिक अंतर को भी वैदिक काल में आज के अर्थ में देखा हो, ऐसा लगता नहीं। महाभारतकाल वैदिककाल का लगभग अंत हो, ऐसा उत्तरकाल है। इस अर्थ

में महाभारत की समाज-व्यवस्था के संदर्भ में वर्णव्यवस्था और स्त्री व पुरुष के भिन्न-भिन्न सामाजिक स्थान के विषय में विचार करना आवश्यक है।

शिक्षा का जहाँ तक संबंध है, वहाँ तक उसके लिए हमारे शास्त्रों ने अध्ययन शब्द का प्रयोग किया है। अध्ययन शब्द से मुख्यतः वेदाध्ययन का संकेत अभिप्रेत है। स्त्री और पुरुष दोनों के लिए वेदों का अध्ययन मात्र विशेषता ही नहीं बल्कि सहजकर्म भी माना गया है। इस अध्ययन शब्द का विस्तार उत्तरकाल में शास्त्रों का अध्ययन और शास्त्रों का अध्ययन, इस प्रकार दो स्तरों पर हुआ है। ब्राह्मण अधिकांशतः शास्त्रों का अध्ययन करते रहे हैं और उसके साथ ही शस्त्रों का भी अध्ययन करते रहे हैं। क्षत्रिय बहुधा शस्त्रों का ही अध्ययन करते रहें हैं, किंतु उसके साथ ही शास्त्रों के अध्ययन से भी वंचित नहीं रहे। जिन्होंने मात्र शस्त्रों का ही अध्ययन किया हो और शास्त्रों के प्रति उपेक्षा रखी हो, उनकी गणना, वीर हों तो भी शूद्र में ही होती थी।

इस पूर्वभूमिका के साथ महाभारतकाल के कथानकों मे जो शिक्षा व्यवस्था इंगित होती है, उसका थोड़ा निरीक्षण कर लेते हैं।

कर्ण जन्म से क्षत्रिय था, पर उसके जन्म का रहस्य गोपित था। समाज में वह सूत जाति की संतान के रूप में पहचाना जाता था। आचार्य द्रोण हस्तिनापुर के राजकुमारों के पितामह भीष्म द्वारा नियुक्त किए हुए शिक्षक थे। आज के अर्थ में कहें तो द्रोण पांडवों और कौरवों के 'प्राइवेट ट्यूटर' थे। उस युग में सामान्यतः राजकुमार भी शिक्षा प्राप्त करने के लिए अलग-अलग गुरुओं के आश्रम में वर्षों तक निवास करते थे। पितामह भीष्म ने इस प्रथा का अनुसरण नहीं किया और अपने पौत्रों के विद्याध्ययन के लिए आरंभ में कुलगुरु कृपाचार्य के साथ व्यवस्था की और उसके बाद, जिसे हम उच्च शिक्षा कहते हैं, उसे प्राप्त करने के लिए आचार्य द्रोण की नियुक्ति की है। इस प्रकार निजी शिक्षक बने द्रोणाचार्य ने पांडवों और कौरवों के साथ कर्ण का भी अपने शिष्यों में समावेश किया था। इस तरह राजपुत्रों के साथ ही कर्ण को भी विद्यादान दिया जा रहा था और यह वास्तविकता पितामह भीष्म सहित हस्तिनापुर में सभी को विदित थी। इसमें कहीं भी कर्ण के सूतपुत्र होने की

बाधा आड़े आते दिखाई नहीं देती है। परंतु उसका सूतपुत्र होना दो बार बाधास्वरूप बनकर खड़ा हुआ है। कर्ण आचार्य द्रोण से जब स्वयं को ब्रह्मास्त्र विद्या सिखाने के लिए विनती करता है तो आचार्य उसे अस्वीकार कर देते हैं। इस अस्वीकार के लिए वे यह कारण देते हैं कि ब्रह्मास्त्र विद्या मात्र क्षत्रियों को ही उपलब्ध कराई जा सकती है। परंतु द्रोण का यह उत्तर तर्कपूर्ण नहीं, क्योंकि यह विद्या उन्होंने अर्जुन के बाद अपने पुत्र अश्वत्थामा को भी प्राप्त कराई थी।

यहाँ इस बात पर भी ध्यान देना चाहिए कि अश्वत्थामा को यह विद्या सिखाते समय भी आचार्य द्रोण क्षोभ अनुभव कर रहे थे। पुत्र अश्वत्थामा भी इस विद्या को प्राप्त करने का अर्जुन जितना अधिकारी नहीं, यह सत्य आचार्य द्रोण जानते थे। आचार्य की अर्जुन-प्रीति अनजानी नहीं और संभवतः अर्जुन ही उसके लिए सर्वाधिक योग्य अधिकारी है, ऐसा उन्हें दृढ विश्वास था। अर्जुन सर्वश्रेष्ठ धनुर्धर बना रहे और अन्य कोई उसके समकक्ष न खड़ा हो सके, यह इच्छा आचार्य द्रोण के मन में निश्चित रूप से थी। इस इच्छा से ही प्रेरित होकर उन्होंने कर्ण को यह ज्ञान न देना स्वीकार किया हो, यह अधिक तर्कपूर्ण है। कर्ण की सूत जाति का सार्वजनिक रूप से उल्लेख करके उसे लज्जित करने का पहला प्रयास तो रंगमंच पर ही हुआ था और वह भी प्रिय शिष्य अर्जुन की रक्षा के लिए ही हुआ था, यह निर्विवाद है।

द्रौपदी स्वयंवर में कर्ण मत्स्यवेध करने के लिए खड़ा हुआ तो 'मैं इस सूतपुत्र से विवाह नहीं करूँगी' ऐसा कहकर द्रौपदी ने उसको मत्स्यवेध के पूर्व ही अस्वीकार किया था। महाभारत को किसी-किसी आवृत्ति में कर्ण मत्स्यवेध में असफल सिद्ध हुआ था, ऐसा भी उल्लेख मिलता है। स्वयंवर के आरंभ में ही राजकुमार धृष्टद्युम्न ने स्वयंवर की जो पूर्वशर्त घोषित की थी, उसमें बहुत ही स्पष्ट रूप से रूप और बल के साथ ही उत्तम कुल का होना अनिवार्य था। वर्णव्यवस्था पर आधारित समाज को लक्ष में रखें तो कर्ण धृष्टद्युम्न की इस शर्त के अनुसार उत्तम कुल का नहीं था और इसलिए द्रौपदी यदि उसे अस्वीकार करे तो उसमें शुद्ध न्याय न हो, तो भी तर्क तो है ही। फिर

भी इतना अवश्य कहा जा सकता है कि इसमें कोई हीन जातिवाद नहीं था। यदि ऐसा ही होता तो राजसूय यज्ञ में युधिष्ठिर जब निमंत्रितों की सूची तैयार करते हैं तो दूतों को उन्होंने ऐसी सूचना दी ही न होती कि तपस्वी ब्राह्मणों, क्षत्रियों राजाओं और मान्य शूद्रों को यज्ञ में निमंत्रण देना चाहिए। यहाँ 'मान्य' शब्द का अर्थ विद्यावान अथवा शस्त्रज्ञ से ही लगाना चाहिए। यानी कि महत्त्व जन्म का नहीं बल्कि विद्याध्ययन का था। कर्ण जिस तरह सूत जाति का था, उसी तरह महर्षि रोमहर्षण, उनके पुत्र सौति तथा महाराज धृतराष्ट्र का सारथि संजय, तीनों की सूत जाति के थे, फिर भी सर्वत्र उच्च स्थान पर स्वीकार प्राप्त किए थे। सौति ने तो महर्षि व्यास के जो मुख्य पाँच शिष्य महाभारत के प्रसार के लिए चुने गए थे, उनमें स्थान प्राप्त किया था।

परशुराम क्षत्रियों के प्रति अपनी वैरभावना के लिए विख्यात थे। क्षत्रिय राजा के हाथों पिता जमदग्नि की जो अवहेलना हुई थी, उससे संतप्त होकर परशुराम ने समग्र पृथ्वी को क्षत्रियविहीन करने की जो प्रतिज्ञा ली थी, वह प्रतिज्ञा पूरी करने में वे सफल नहीं हुए थे। वैर की इस धधकती अग्नि के साथ उन्होंने जिस भूमि पर विजय प्राप्त की थी, उस भूमि का दान करके एकांतवास स्वीकारा। इस एकांतवास में उन्होंने योग्य शिष्यों को विद्याभ्यास करवाना जारी रखा है और इसमें द्रोण तथा कर्ण का समावेश होता है। कर्ण ने विद्याध्ययन के आरंभ में अपना परिचय ब्राह्मण के रूप में दिया था और कर्ण के इस असत्यवादन को स्वीकार करके ही परशुराम ने उसे शिष्य के रूप में स्वीकार किया था। इसके बाद जब कर्ण के ब्राह्मण नहीं होने की जानकारी उन्हें हुई, तभी कर्ण को उन्होंने क्षत्रिय ही मान लिया था और इस मान्यता के अंतर्गत ही कर्ण को शापित किया है। इस प्रकार कर्ण के प्रति परशुराम का व्यवहार वर्णभेद से प्रेरित नहीं, बल्कि निजी रूप से उनके मन में जो क्षत्रियद्वेष था, उसी का ही यह परिणाम है।

एकलव्य, जिस तरह कथाकार उसे आदिवासी जाति के किसी असंस्कृत और अशिक्षित भील के रूप में परिचित कराते हैं, वैसा नहीं। निषाद जाति रामायणकाल में भी राज्य भोगनेवाली जाति है। गंगातट पर राम और निषादराज

गुह के बीच हुआ संवाद प्रसिद्ध है। इसी तरह एकलव्य भी निषादराज हिरण्यधनु का पुत्र है। यह जाति अरण्य में रहती है और वेदाध्ययन में बहुत पारंगत हो, ऐसा नहीं लगता है। यह जाति अनावश्यक प्राणी-हत्या करती है और स्थूल आमोद-प्रमोद को प्रधानता देती है, ऐसा उल्लेख भी मिलता है। इस एकलव्य ने दाहिने हाथ का अँगूठा गँवाने के बाद भी धनुर्विद्या में अपनी प्रवीणता बनाए रखी थी और उत्तरकाल में कृष्ण के विरुद्ध राजा पौंड्र ने जब युद्ध किया, उस समय उसने पौंड्र के पक्ष में रहकर अपनी वीरता और धनुर्विद्या की सिद्धि प्रदर्शित की थी।

एकलव्य तेजस्वी और प्रवीण शिष्य था, यह समझने में द्रोण जैसे द्रष्टा को देर लग ही नहीं सकती थी। शिष्यत्व की कसौटी में एकलव्य अपनी तेजस्विता के कारण ऊँचे अंक प्राप्त कर सकता था और इसीलिए आचार्य द्रोण ने उसको अस्वीकार किया हो, यह मनोवैज्ञानिक दृष्टि से सुसंगत है। आचार्य द्रोण अपने प्रिय शिष्य अर्जुन को अद्वितीय रखना चाहते थे और जिस तरह कर्ण अर्जुन का सफल प्रतिस्पर्धी बनने की क्षमता रखता था, उसी तरह एकलव्य भी उत्तम धनुर्धर है, इसकी प्रतीति होते ही द्रोण ने पहले उसे अस्वीकार किया और फिर उसके दाहिने हाथ के अँगूठे की गुरुदक्षिणा माँगकर अपनी अर्जुन-प्रीति को ही साबित किया है। जिसे अपने शिष्य के रूप में स्वीकार किया हो, उसके पास से गुरुदक्षिणा माँगने और पाने का दरअसल कोई अधिकार द्रोण को था ही नहीं, इसके बावजूद यह अनधिकार कृत्य उन्होंने किया तो इसमें किसी वर्णभेद या जातिभेद का प्रश्न नहीं समाया है। इसमें तो आचार्य का अर्जुन के प्रति मोह कहा जा सके, ऐसा प्रेम ही कारणभूत है।

जहाँ तक नारी-शिक्षा की बात है तो महाभारतकाल में कोई निश्चित शिक्षा-व्यवस्था रही हो, ऐसा दिखाई नहीं देता है। सत्यवती-गांधारी, कुंती-माद्री, द्रौपदी आदि तमाम स्त्रीपात्र शास्त्रों से भली-भाँति परिचित हों, ऐसा स्पष्ट दिखाई देता है। ये स्त्रियाँ सुशिक्षित हैं और भीष्म अथवा कृष्ण जैसे धर्म के परम ज्ञाताओं को भी वाद-विवाद में परेशान कर सकें, ऐसी बुद्धिशाली भी हैं, इसके अनेक उदाहरण दिए जा सकते हैं। इन स्त्रियाँ अपने शास्त्रोक्त

कथन के समर्थन में बार-बार ऐसा कहती हैं कि—"मैंने सुना है" तथा "वर्णधर्म का उपदेश देनेवाले ब्राह्मणों के पास से मुझे जानने को मिला है कि" अर्थात् जो ज्ञान उन्होंने संपादित किया था, वह ज्ञान अपने परिवार में आनेवाले ऋषियों, तपस्वियों अथवा ब्राह्मणों के पास से उन्होंने पाया था। इसमें कोई गुरु-शिष्य परंपरा स्थापित हुई हो, ऐसा लगता नहीं। स्त्रियों के लिए कोई गुरुकुल या शिक्षा का निर्धारित पाठ्यक्रम नहीं था, ऐसा भी स्पष्ट प्रतीत होता है। इसके बावजूद द्रौपदी के लिए राजा द्रुपद ने हस्तिनापुर के राजकुमारों की तरह ही निजी शिक्षक की व्यवस्था की थी तथा विराट नगरी में राजकुमारी उत्तरा को ललित कलाएँ सीखने के लिए राजा ने बृहन्नला की नियुक्ति की थी, यह घटना सर्वविदित है।

एक आश्चर्यजनक और रहस्यमय कहा जा सके, ऐसे उल्लेख को भी यहाँ ध्यान रखा जाना चाहिए। हस्तिनापुर में पांडवों और कौरवों का अध्ययन समाप्त होने के बाद आचार्य द्रोण आर्यावर्त के अन्य राजकुमारों और ब्रह्मकुमारों को शिक्षा दे रहे थे। ये शिष्य तत्कालीन शिक्षाप्रणाली के नियमों के अनुसार गुरु के यहाँ ही निवास करते थे। राजा द्रुपद और आचार्य द्रोण के बीच का वैमनस्य समग्र आर्यावर्त में प्रसिद्ध था। द्रोण के द्वारा अर्जुन के हाथों दी गई अपनी पराजय का प्रतिशोध लेने के लिए और द्रोण का वध करने के लिए राजा द्रुपद ने यज्ञदेवता के पास से पुत्र धृष्टद्युम्न को प्राप्त किया था, यह घटना भी सुविख्यात थी। इस प्रकार धृष्टद्युम्न उनकी मृत्यु का निमित्त बननेवाला है, इसका पूर्ण ज्ञान होने के बावजूद आचार्य द्रोण ने धृष्टद्युम्न को अपने शिष्य के रूप में स्वयं द्रोण ने द्रुपद के पास जाकर माँग की है। द्रोण की यह माँग सहसा समझ में न आनेवाली बात है। यदि राजा द्रुपद द्रोण के पास अपने पुत्र का गुरुपद स्वीकार करने के लिए उपस्थित हुए होते तो बात अलग थी, पर यहाँ तो स्वयं द्रोण अपनी मृत्यु का कारण बनने जा रहे धृष्टद्युम्न को ऐसी मृत्यु के लिए शस्त्रसज्ज करते हैं, यह बात कठिन समस्या बनी हुई है। परंतु महाभारत तो ऐसे न जाने कितने अकल और कठिन रहस्यों का सृजन करता है।

□

17

सत्य से बेहतर असत्य

भावी पति धृतराष्ट्र नेत्रहीन हैं, यह जानने के बाद गांधारी ने स्वेच्छया अंधत्व स्वीकार कर लिया था। यह कथानक सतीत्व की भावना को किस सीमा तक सार्थक करता है? इस तरह का कोई अन्य उदाहरण दिया जा सकता है क्या? गांधारी के उपरांत अश्वत्थामा भी एक प्रश्नचिह्न खड़ा करे, ऐसा पात्र है। पांडवपुत्रों की जघन्य हत्या करने के बावजूद कृष्ण ने उसका वध रोका था और इसके लिए वह ब्राह्मण है, गुरुपुत्र है, ऐसे तर्क का सहारा लिया था। द्रोण ब्राह्मण भी थे और स्वयं गुरु भी थे, फिर भी धर्मयुद्ध के नियमों का उल्लंघन करके स्वयं कृष्ण ने उनका वध कराया था और उसके विपरीत अश्वत्थामा को जीवित छोड़ देने के लिए कौन सा तर्क बलवत्तर होगा?

महाभारत में ऐसे असंख्य कथानक हैं, जिन्हें तर्कशास्त्र के सामान्य नियमों से नहीं समझा जा सकता है। इन नियमों से ऊपर जाकर कई बार व्यक्तित्व के सातत्य को या फिर कथानक के संदर्भ में उसके औचित्य के विषय में अनुमान लगाया जा सकता है। 'दो धन दो बराबर चार' की गणतीय

गणना से ऐसी समस्याओं के विषय में कुछ कहा नहीं जा सकता है। इसमें महाभारतकार के संकेतों को समझ सकें, शायद ऐसी हमारी क्षमता न हो, ऐसा भी हो सकता है।

पितामह भीष्म राजकुमार धृतराष्ट्र के लिए जब योग्य कन्या के चुनाव के प्रश्न पर चर्चा कर रहे हैं, उस समय उनके मन में अपुत्र अवस्था में मृत्यु को प्राप्त हुए अपने भाइयों—चित्रांगद और विचित्रवीर्य के विषय में कुछ संदेश हो, ऐसी कल्पना की जा सकती है। धृतराष्ट्र जन्मांघ है और पांडु रोगिष्ठ है। ऐसी स्थिति में उनकी भावी पत्नियों को पसंद करना और इन कुलवधुओं से हस्तिनापुर के उत्तराधिकारी प्राप्त करना, यह मुख्य समस्या उनके सामने होगी, ऐसा लगता है। इसमें कन्या की पसंदगी का सबसे महत्त्वपूर्ण मापदंड वह पुत्रवती हो, ऐसी संभावना मात्र ही नहीं, बल्कि दृढ विश्वास की अपेक्षा है। गांधारी कौमार्यावस्था में सौ पुत्रों की माता होगी, ऐसा आशीर्वाद भगवान् शंकर से प्राप्त कर चुकी थी। इस बात का भीष्म ने विदुर के साथ की अपनी चर्चा में उल्लेख भी किया है। गांधार का राज्य बहुत कुछ आज का अफगानिस्तान हो, ऐसा विद्वानों का मानना है। इसका अर्थ यह हुआ कि गांधार उस समय आर्यावर्त के नाम से जाने जानेवाले प्रदेशों के उस पार था। आर्यावर्त में तो धृतराष्ट्र के अंधे होने की बात तो सुप्रसिद्ध होगी ही, पर गांधार तक उसके अंधत्व की कथा शायद न पहुँची हो, ऐसे किसी तर्क के साथ भीष्म ने गांधार की कन्या को हस्तिनापुर की कुलवधू बनाने का प्रस्ताव भेजा हो, ऐसी एक संभावना है। यदि ऐसा हो तो भीष्म ने विश्वासघात करने का प्रयास किया था, ऐसा आरोप उनपर होगा। वास्तव में गांधार राजपरिवार धृतराष्ट्र के अंधेपन से परिचित था और भीष्म के इस प्रस्ताव को स्वीकार करते समय भी धृतराष्ट्र की इस मर्यादा से वे अच्छी तरह परिचित थे। इसके बावजूद इस प्रस्ताव को स्वीकार करने के पीछे किसी राजकीय गणना होने की संभावना है।

गांधार आर्यावर्त के सीमांत पर काराकोरम पर्वतमालाओं के उस छोर पर स्थित प्रदेश होने के बावजूद मूलभूत रूप से वहाँ की प्रजा और शासक

आर्यवंशी ही थे। ये आर्यवंशी राजा गंगा-जमुना के प्रदेश में अन्य आर्यकुलों के साथ किसी प्रकार का वगदार संबंध स्थापित करना चाहते रहे हों, यह सहज है। इसके लिए यदि हस्तिनापुर का राज्य उन्हें आर्यावर्त में प्रवेश दे तो इससे अधिक अच्छा क्या हो सकता है? ऐसी किसी मान्यता से प्रेरित होकर गांधार ने यह संबंध स्वीकारा हो, ऐसा संभव है। लाख रुपए का सवाल यह पैदा होता है कि ऐसे संबंध के बाद गांधार नरेश के पाटवीपुत्र शकुनि अपने राज्य का शासन करने के बजाय आजीवन बहन गांधारी के साथ हस्तिनापुर में रहा है और अपना विनाश भी आमंत्रित किया है, इसका कोई तर्कसंगत कारण उपलब्ध नहीं होता।

गांधारी ने जब पहली बार जाना कि उसका भावी पति जन्मांध है तो उसने अपनी दोनों आँखों पर पट्टी बाँधकर स्वेच्छया अंधापन स्वीकार किया; इतना ही नहीं, ऐसी स्वेच्छया अंधी बनी बहन को हस्तिनापुर ले जाकर शकुनि ने धृतराष्ट्र के साथ उसका विवाह भी कराया।

पति किसी प्रकार से अक्षम हो, उससे सती स्त्री द्वारा भी स्वेच्छा से ऐसी अक्षमता को स्वीकार किया जाना, इस बात का जोड़ अन्यत्र कहीं मिले, यह संभव नहीं। इसके विपरीत सुकन्या और च्यवन ऋषि के कथानक में राजकुमारी सुकन्या ने स्वयं ही अनजाने में च्यवन ऋषि की आँखें फोड़ डाली थीं और दृष्टिहीन हुए ऋषि से प्रायश्चित्त के रूप में विवाह करके उनकी सेवा करना स्वीकार किया था। इसमें पति यदि अंधा हो अथवा अन्य रूप से अक्षम हो तो उसकी त्रुटि पूरी करने में सतीत्व का आदर्श निरूपित किया गया है। सुकन्या ने च्यवन ऋषि की आँख बनकर उनकी सेवा तो की ही, पर अश्विनी कुमारों को प्रसन्न करके पति की खोई हुई दृष्टि वापस दिला दी। सुकन्या के सतीत्व का आदर्श गांधारी के आदर्श से किसी भी दृष्टि से छोटा है, ऐसा कहा नहीं जा सकता।

अश्वत्थामा का जन्म हुआ तो अन्य नवजात शिशुओं की तरह वह रोया नहीं था। जनमते ही उसने अश्व की तरह हिनहिनाहट की थी, इसीलिए उसका नाम 'अश्वत्थामा' पड़ गया था। वह ब्राह्मणपुत्र था और पितृकुल में द्रोण तथा भरद्वाज जैसे ब्राह्मणों का रक्त उसमें बहता था तो मातृपक्ष से कृपाचार्य तथा

शरद्वान जैसे ऋषियों का वह वंशज था। इसके बावजूद ब्रह्मत्व के बहुत ही कम अंश उसमें विकसित हुए, ऐसा उसका चरित्र है। वह महत्त्वाकांक्षी था और अपनी महत्त्वाकांक्षी की पूर्ति के लिए वह अनुचित व्यवहार करने में भी संकोच अनुभव नहीं करता था। पिता ने उसके बदले अर्जुन को ब्रह्मास्त्र सिखाया, इसकी ईर्ष्या भी उसमें थी। कृष्ण की महत्ता उनके सुदर्शनचक्र के कारण है, इस भ्रम से प्रेरित होकर कृष्ण के पास से इस सुदर्शनचक्र को धोखाधड़ी करके ले लेने का षड्यंत्र भी उसने रचा था। युद्ध के अठारहवें दिन की मध्यरात्रि में पांडव शिविर में चोरी-छिपे घुसकर जिस तरह से उसने निःशस्त्र पांडु-पुत्रों और सेनापति धृष्टद्युम्न की हत्या की, वह अतिशय जघन्य और निंद्य कृत्य था। पर ऐसे कृत्य के लिए भी उसे तो संतोष ही था और उसने ऐसी सिद्धि प्राप्त की है, जो कौरव पक्ष में किसी सेनापति ने भी प्राप्त नहीं की, ऐसा वह मानता है, इतना ही नहीं, ब्रह्मास्त्र की जो पूर्वशर्त है, उसके अनुसार उसका विनियोग कभी भी आक्रमण के लिए नहीं बल्कि सुरक्षा के लिए ही होना चाहिए, यह जानते हुए भी उसने इस धर्म का उल्लंघन किया और अर्जुन पर उसने इस शस्त्र का प्रयोग किया।

ब्रह्मास्त्र का प्रयोग करने की दूसरी पूर्वशर्त यह है कि उसका शमन संहार किए बिना ही हो सके, ऐसी क्षमता भी धनुर्धारी में होनी चाहिए। अर्जुन के पास यह क्षमता थी और इसीलिए जब उसने इसका वापसी प्रयोग किया तो वह इसका शमन भी कर सका। अश्वत्थामा ऐसा नहीं कर सका और फलस्वरूप उत्तरा के गर्भ में स्थित शिशु का संहार किया। शिविर में निद्रावस्था में सोए शत्रुओं का संहार करना, इससे भी यह अघोर कृत्य था। महाभारत की अठारह अक्षौहिणी सेना में यह सर्वाधिक तिरस्कृत कृत्य था। जिस शिशु ने अभी पृथ्वी पर अवतरित होकर पहली साँस भी नहीं ली, उसके प्रति शत्रुता से प्रेरित होकर उसका नाश करना सबसे अधम कृत्य था।

और इसके बावजूद कृष्ण ने इस अघोर कृत्य के लिए अश्वत्थामा को मृत्युदंड नहीं दिया। उसके मस्तक पर से मणि छीनकर उसे जीवित छोड़ दिया। इतना ही नहीं, उन्होंने उसे पूरे तीन हजार वर्ष की आयु भी दी। जिसे

वरदान कहा जा सकता है, ऐसी यह लंबी आयु वास्तव में प्रचंड अभिशाप था। मस्तक पर स्थित मणि का बुद्धिगम्य अर्थ मात्र इतना ही हो सकता है कि इस अधम कृत्य के बाद वह लज्जित हो गया हो और उसके चेहरे की तेजस्विता कृष्ण ने छीन ली हो और हम 'जिसे नूर तेज उड़ गया' कहते हैं, ऐसी अवस्था में अश्वत्थामा पहुँच गया। मनुष्य का और वह भी किसी ब्राह्मण या क्षत्रिय का तेज ही उसका जीवन होता है। निस्तेज अवस्था मृत्यु से भी बदतर है। अश्वत्थामा अब ऐसी ही बदतर अवस्था में आ गया था। जो अधर्म कृत्यों का आचरण करते हैं, उनका जीवन ऐसा असह्य और दुर्गंधमय हो जाता है, इसका संकेत भविष्य की पीढ़ियों को मिले, ऐसे किसी उद्देश्य से कृष्ण ने उसे दीर्घायु दिया हो, ऐसा तर्क अधिक सुसंगत है। भावी पीढ़ियाँ अश्वत्थामा को अपनी नजर से सतत देखती रहें, जिससे ऐसे घोर कृत्यों से दूर रहने की प्रेरणा उन्हें मिलती रहे। यह प्रेरणा शायद सकारात्मक न हो, भयप्रेरित भी हो सकती है, फिर भय के दुःस्वप्न में भी यदि कोई सकारात्मक मूल्य सिद्ध हो तो अश्वत्थामा का यह अधम कृत्य भी एक प्रकार का आशीर्वाद ही हो जाएगा। इस विचार से प्रेरित होकर कृष्ण ने उसे छोड़ दिया हो, यह संभव है। इसके लिए अश्वत्थामा ब्राह्मण है और गुरुपुत्र है, ऐसा प्रत्यक्ष निमित्त उन्होंने सामने रखा हो।

इस निमित्त को यदि स्वीकार करें तो तुरंत आचार्य का वध जिस तरह कृष्ण ने कराया था, यह प्रश्न पैदा होता है। कौरव सेनापति के रूप में द्रोण ने युद्ध के पंद्रहवें दिन दुर्योधन के समक्ष प्रतिज्ञा ली थी कि आज वे युधिष्ठिर को जीवित ही पकड़ लेंगे और समूची पांडव सेना का संहार करके युद्ध की समाप्ति भी कर देंगे। इस प्रतिज्ञा के अनुसार उस दिन द्रोण ने अपना रौद्र रूप प्रकट किया था और उनका प्रतिकार करना किसी भी पांडव सेनानी के लिए दुर्धर्ष था। ऐसी स्थिति में द्रोण का वध करना अथवा उन्हें परास्त करना असंभव था। द्रोण का यह रौद्र रूप यदि चालू रहे तो पांडवों की पराजय निश्चित थी। अन्य कोई यह सत्य समझे या न समझे, पर कृष्ण तीक्ष्ण दृष्टि ने यह परिणाम ताड़ लिया था। भीम के हाथों अश्वत्थामा नाम के हाथी को

मरवाकर द्रोण को भ्रम में डालने का षड्यंत्र कृष्ण की बुद्धि ने ही चलाया। इसमें अश्वत्थामा मारा गया, यह घटना सत्य थी, पर अश्वत्थामा माने द्रोण का पुत्र नहीं बल्कि एक हाथी था, यह बात भीम, अर्जुन, युधिष्ठिर या कृष्ण के अतिरिक्त शायद ही कोई जानता रहा होगा।

महायुद्ध के दौरान हाथी और और अश्व तो रोज ही मर रहे थे, किंतु उनकी मृत्यु की घोषणाएँ नहीं होती थीं। यह घोषणा तो द्रोण को भ्रमित करने के लिए ही थी और द्रोण का पुत्रमोह कृष्ण अच्छी तरह जानते थे। युधिष्ठिर जब ऐसा असत्यवादन करने के लिए संकोच व्यक्त करते हैं तो कृष्ण ने उनसे स्पष्टत: कहा है कि "हे राजन! यदि द्रोणाचार्य अब आधे दिन भी इस तरह युद्ध करते रहे तो आपकी पराजय निश्चित है। इस विनाश से अपने सैन्य को बचाना आपका कर्तव्य है। धर्म की विजय के लिए यदि असत्यवादन करें तो यह सत्य से भी बेहतर होता है।"

इस प्रकार द्रोण का वध पांडवों की विजय के लिए अनिवार्य था। पांडवों की पराजय का अर्थ था—धर्म की पराजय और कृष्ण अधर्म की पराजय करना चाहते थे। अधर्म की पराजय के लिए युद्ध के अठारह दिनों के दौरान कृष्ण ने कितनी ही बार जिसे अधर्म कहें, ऐसे प्रयोग किए हैं। द्रोण ब्राह्मण थे और गुरु थे, इस सत्य को स्वीकार करने के बाद भी ब्राह्मण और गुरु का वध करने से जो अधर्माचरण होता था, वह अधर्माचरण पांडवों की धर्मविजय के लिए अनिवार्य आपत्ति थी, कृष्ण ने इस अधर्म लगती आपत्ति को स्वीकार किया है। अश्वत्थामा का वध करने से वैरतृप्ति के सिवा दूसरा कोई लाभ नहीं होने वाला था। वैरतृप्ति वध से करने की अपेक्षा क्षमाभावना से करना और वह भी भावी पीढ़ियों के लिए, एक बहुत ही उम्दा उदाहरण बन सके, इस प्रकार करने में औचित्य है, यह इन दोनों पिता-पुत्र के उदाहरण में कृष्ण द्वारा निभाई गई भूमिका का रहस्य प्रकट होता है।

□

18

दृश्य-अदृश्य के खेल

मृत्यु एक ऐसा तत्त्व है कि प्राणिमात्र जन्म के साथ ही उसके साक्षात्कार की कल्पना मात्र से ही भयभीत हो जाता है। महाभारत के तमाम मुख्य पात्र घटनाचक्र के विविध चरण में मृत्यु के विषय में निर्भीकता से निरीक्षण और चिंतन करते हैं। इस स्थिति में महाभारत के जो विभिन्न पात्र जिस तरह मृत्यु के वश में हुए हैं, उस संदर्भ में प्राणिमात्र में रहता इस भय के विषय में कोई मार्गदर्शन पाया जा सके, ऐसा निष्कर्ष निकाला जा सकता है क्या? मृत्यु के विषय में निर्भीकता से चिंतन करनेवाले ये पात्र अपने अंतकाल में इस चिंतन के अनुरूप रहे हैं क्या?

जन्म और मृत्यु प्रत्येक व्यक्ति के जीवन की दो अनिवार्य घटनाएँ हैं। इन घटनाओं से कोई व्यक्ति कभी भी मुक्त नहीं हो सकता। इसके बावजूद कोई भी व्यक्ति अपने जीवन की इन दोनों अनिवार्य घटनाओं के अनुभव के विषय में कुछ भी नहीं कह सकता है। मनुष्य ने जन्म और मृत्यु के विषय में जो भी विचार अथवा चिंतन किए हैं, उनमें कहीं भी अपने अनुभवों का एक अंश भी नहीं होता। यह सब मात्र निरीक्षण द्वारा, कुछ अंश में तर्क द्वारा

और बहुधा परिस्थितियों के मूल्यांकन के आधार पर होता रहा है। फिर भी इसमें सत्य का अंश नहीं, ऐसा नहीं कहा जा सकता है। और इसमें पूरा-पूरा सत्य है, ऐसा भी कोई विश्वासपूर्वक नहीं कहा जा सकता है। मृत्यु अनिवार्य है और पैदा होते ही प्रत्येक मनुष्य की यात्रा मृत्यु की ओर ही होती है। वास्तव में तो बालक जिस तरह किशोरावस्था प्राप्त करता है, यौवनावस्था सँभालता है, वह उसकी वृद्धि या विकास नहीं सूचित करता है, बल्कि वह तेजी से मृत्यु के नजदीक पहुँच रहा है, इसको ही सूचित करता है और इसीलिए मानव जीवन का अंतिम ध्येय मृत्यु की प्राप्ति ही है। जन्म और मृत्यु के बीच जो भी प्राप्त होता है, वह तो क्षणिक पड़ाव भर है। महाभारतकार अपनी इस कालजयी रचना में मृत्यु-मीमांसा तो करता ही है, परंतु महाभारत के तमाम मुख्य पात्र जिस तरह अपनी जीवन यात्रा की समाप्ति करते हैं, उस घटना का मूल्यांकन करना आवश्यक है।

सही कहें तो श्रीकृष्ण को छोड़कर महाभारत का कोई पात्र मृत्यु को सहज भाव से, जीवनयात्रा के अंतिम लक्ष्य के रूप में तथा जीवन जीने के तटस्थभाव से स्वीकार नहीं कर सका। ये सारे पात्र मृत्यु के विषय में तरह-तरह के और भाँति-भाँति के निरीक्षण समय-समय पर करते रहे हैं। इसके बावजूद मृत्यु के साक्षात्कार के क्षण में उनकी मन-स्थिति उनके इन सभी निरीक्षणों के अनुसार ही रही हो, ऐसा विश्वासपूर्वक नहीं कहा जा सकता है। महाभारत की सबसे वरिष्ठ पात्र हैं माता सत्यवती। अत्यंत जर्जर अवस्था में उन्होंने पारिवारिक क्लेश के जो दृश्य देखे, उससे यह वृद्ध माता काँप उठी थीं और इसीलिए पुत्र व्यास ने इस माता को हस्तिनापुर छोड़कर अरण्यवास करते हुए मृत्यु की प्रतीक्षा करने का सुझाव दिया था। इस सुझाव का गृहितार्थ बहुत स्पष्ट है। हम जिसे आत्महत्या करने के लिए गृहत्याग कह सकते हैं, ऐसी यह परिस्थिति है। जीवन इसके बाद और भी कठिन होनेवाला है। परिवार में इसके बाद और भी अधिक दुसह्य संघर्ष होनेवाला है और उसका कोई निवारण नहीं हो सकता, यह जानने के बाद इस वृद्ध माता ने परिवार से मुँह फेर लिया है और किसी निराधार तथा हताश वृद्धा

की तरह उसने मृत्यु की प्रतीक्षा की है। इस अवस्था में उसने मृत्यु को किस मन:स्थिति में स्वीकार किया होगा, यह कल्पना का विषय है।

माता सत्यवती जितने ही वरिष्ठ कहे जा सकें, ऐसे पितामह भीष्म की मृत्यु तो हर पाठक को विचार करने की प्रेरणा दे, ऐसी है। भीष्म को पिता से इच्छामृत्यु का वरदान प्राप्त हुआ था। इस वरदान के अनुसार भीष्म ने युद्ध के दसवें दिन जब स्वयं अर्जुन के शस्त्रों का प्रतिकार नहीं किया और समग्र देह पर शस्त्राघात सहन किए तो ढल पड़े। अन्य कोई योद्धा होता तो उसी क्षण उसकी मृत्यु हो गई होती। परंतु भीष्म ने अपने प्राण रोक रखे और सूर्य की गति उत्तरायण की ओर हो, तब तक यानी कि भूमि पर ढल पड़ने के पश्चात् अट्ठावन दिन तक अपार शारीरिक और अकथ्य मानसिक वेदना सहन की। जिनका एक-एक अंग तीक्ष्ण बाणों से बिंध चुका है, उन्हें इन बाणों के साथ ही अति वृद्ध अवस्था में उस संहार क्षेत्र से कुछ ही दूर पूरे अट्ठावन दिन तक उन्होंने मृत्यु की प्रतीक्षा की। दृष्टि के समक्ष महाविनाश देखा और फिर हम जिसे योगसमाधि कहते हैं और एक तरह से जो आत्महत्या का ही एक रूप है, उसे स्वीकार किया। (आत्महत्या और योगसमाधि को समान बताने का यहाँ कोई उद्देश्य नहीं। आत्महत्या तो नकारात्मक मूल्य है और योग समाधि सकारात्मक मूल्य है। फिर भी इन दोनों में देहत्याग का परिणाम एक-समान ही है।)

भीष्म के प्राणत्याग की यह घटना महाभारतकार ने जिस तरह से चित्रित की है, उसमें स्वेच्छया विदा लेते वृद्ध की बात की है। इसके बावजूद भीष्म के दृश्य में जो कुछ हुआ और जिस तरह इस इच्छामृत्यु के वरदान का विनियोग हुआ, उससे संतोष निश्चित ही नहीं हुआ होगा, यह समझा जा सकता है। ज्ञान की भूमिका पर खड़े पितामह इस मृत्यु को अपनी देह में स्थित प्राण को ऊर्ध्व-गति की ओर प्रयाण के रूप में अवश्य बताते हैं और उनके प्राण-त्याग के साथ ही आकाश से पुष्पवृष्टि हुई, ऐसा आधा चरण भी लिखा गया है, पर उनकी मृत्यु के बाद उनकी जनेता गंगा जिस तरह अपने पुत्र की मृत्यु पर विलाप करती हैं, वह विलाप भीष्म के मृत्युचिंतन के विषय में हमें विचार करने को प्रेरित करे, ऐसा है।

सत्यवती और भीष्म के बाद जिन्हें हम महाभारत के वरिष्ठ पात्र कह सकते हैं, ऐसे धृतराष्ट्र, गांधारी, पांडु, कुंती और विदुर हैं। पांडु की मृत्यु जीवन के मध्य में ही पूर्ण असंतोष के बीच हुई है। यह मृत्यु भी एक तरह से देखें तो आत्महत्या प्रकार की ही है। स्त्रीसंग पांडु के लिए वर्ज्य था और यदि वह स्त्रीसंसर्ग करेगा तो तत्काल उसकी मृत्यु हो जाएगी, इसकी पूरी जानकारी होने से उसने वर्षों तक स्त्रीसंगविहीन अवस्था सही। युवा और रूपवती पत्नियाँ साथ होने के बावजूद उसने बलात् ब्रह्मचर्य का पालन किया और ब्रह्मचर्य का यह पालन उसके लिए कोई तपश्चर्या या सहजभाव नहीं था। यह अनिवार्य ब्रह्मचर्य पालन उसके लिए व्यथा थी, लाचारी थी। इस लाचारी पर जिस क्षण उसकी सहज निर्बलता ने विजय प्राप्त की, वह क्षण उसकी मृत्यु का क्षण बन गया। पांडु तथा माद्री दोनों यह परिस्थिति भली-भाँति जानते थे और माद्री ने तो पति को रोकने के लिए भी प्रयास किए हैं, इसके बावजूद मेरी मृत्यु निश्चित है, यह जानते हुए भी पांडु ने जिंदगी के दाँव पर स्त्रीसंग का एक क्षण चुना था। इस प्रकार उसने जीवन के मूल्य पर जीवन का अंत अधिक पसंद किया। उसकी मृत्यु किसी भी तरह से विचार करें तो स्वस्थ और सुखद नहीं कही जा सकती है।

राजा धृतराष्ट्र महायुद्ध के बाद अपने पुत्रों के हत्यारों और अपने आजीवन शत्रु समान पांडुपुत्रों के आश्रित के रूप में हस्तिनापुर के राजमहल में ही पूरे पंद्रह वर्ष रहे हैं। इस कालावधि के दौरान उन्होंने प्रायः भीमसेन के मुख से अपमानसूचक कटाक्ष सुने हैं। युद्ध के अंत में ही यदि उन्होंने अरण्यवास स्वीकार कर लिया होता तो इसमें उनका गौरव बना रहता, पर धृतराष्ट्र ने ऐसा नहीं किया। समग्र परिवार के संहार के बाद भी उन्होंने महल और समृद्धि का त्याग नहीं किया। अपमानजनक परिस्थिति में भी उन्होंने जीवन अधिक प्यारा माना है। पूरे पंद्रह वर्ष बाद जब भीमसेन के कटाक्ष असह्य हो गए, तब कहीं यह अतिवृद्ध अंधा राजा पत्नी गांधारी के साथ संसार त्यागकर अरण्यवास स्वीकार करता है। यह वनवास भी कोई वैदिक परंपरा के अनुसार संतुष्ट जीवन के उपभोग के बाद का आश्रमवास

नहीं है। यहाँ तो सर्वस्व हार चुकने के बाद कोई विकल्प बचा न होने के कारण बाबा बन जानेवाले संसारी की मनोवृत्ति दिखाई देती है। धृतराष्ट्र के साथ ही गांधारी, कुंती, विदुर और संजय भी जुड़ गए हैं। ये सभी अरण्यवास में दो वर्ष रहे हैं।

इस कालावधि के दौरान विदुर की मृत्यु सबसे पहले हुई है। अंतिम दिनों में विदुर ने अन्न और वस्त्र दोनों को त्याग दिया था। नितांत निर्वस्त्र अवस्था में मात्र वायु का भक्षण करके किसी के साथ संपर्क किए बिना विदुर अरण्य (वन) के एकांत भाग में जैसे मृत्यु की प्रतीक्षा कर रहे थे। एक दिन राजा युधिष्ठिर ज्येष्ठ पिता धृतराष्ट्र से मिलने अरण्य में आए तो उनहोंने विदुर के विषय में यह बात जानी और उन्हें खोजने के लिए अरण्य के और भी गहरे भाग में गए। विदुर इस अवस्था में अर्थहीन घूम रहे थे और युधिष्ठिर को देखते ही एक वृक्ष के तने का टेक लगाकर स्तब्ध होकर खड़े रह गए। महाभारतकार ने विदुर की इस अवस्था का जो चित्रण किया है, वह अतिशय करुण है। विदुर का शरीर निरा अस्थिपंजर बन गया था और इस अस्थिपंजर पर उनकी खाल लटक रही थी। आँखें नीचे धँस गई थीं और चेहरे पर कोई भाव नहीं था। युधिष्ठिर ने उन्हें बुलाया तो भी उन्होंने कोई प्रतिक्रिया व्यक्त नहीं की और उसी अवस्था में, उसी क्षण उन्होंने देहत्याग किया। युधिष्ठिर उनका अग्निसंस्कार भी नहीं कर सके, क्योंकि कथा कहती है, उसके अनुसार आकाशवाणी द्वारा राजा युधिष्ठिर को सूचना मिली कि विदुर के लिए अग्निसंस्कार जैसे किसी लौकिक कर्म की जरूरत नहीं। इसका अर्थ यह हुआ कि जिसे हम अंत्येष्टि और तेरहवीं कहते हैं, ऐसा कोई संस्कार विदुर का नहीं हुआ। अरण्य में ही पड़े उनकी मृतदेह का इसके बाद क्या हुआ, यह हम नहीं जानते।

राजा धृतराष्ट्र, सती गांधारी और देवी कुंती, इन तीनों की मृत्यु तो महाभारत के तमाम पात्रों की मृत्यु की तुलना में कई गुना अधिक करुण और हृदयद्रावक है। इन तीनों के अंतिम क्षण भारी पीड़ादायक और प्राकृतिक न्याय के किसी संकेत जैसे। जिस राजा ने पांडुपुत्रों को वारणावत नगरी में

लाक्षागृह रचकर जीवित अग्नि के हवाले कर देने का परोक्ष रूप से समर्थन किया था, वही राजा स्वयं ही इस अग्नि का भक्ष्य बन जाए, इससे बड़ी विधि की वक्रता और क्या हो सकती है? जन्मांध राजा और स्वेच्छया अंधी बनी पत्नी आ रही मृत्यु को देख न सके और उनकी इस असहाय अवस्था का अवलोकन एकमात्र कुंती ही कर सके, यह क्षण कैसा हृदय-विदारक रहा होगा, इसकी तो बस कल्पना ही की जा सकती है।

विदुर की मृत्यु के बाद राजा धृतराष्ट्र, गांधारी, कुंती तथा संजय, चारों जन किसी निश्चित निवास-स्थान में रहने के बजाय अघोर अरण्य में सतत भ्रमण करते रहे हैं। इस भ्रमण के दौरान एक दिन सुबह तड़के ही अरण्य में दावानल प्रकट हुआ और अग्नि की इन ज्वालाओं के बीच वे घिर गए। राजा अंधा होने के कारण स्वयं भाग जाने में असमर्थ थे, पर उन्होंने संजय को अपने प्राणों की रक्षा के लिए दूर सुरक्षित स्थान में चले जाने का सुझाव दिया। संजय राजा की आज्ञानुसार अरण्य छोड़कर गंगातट पर ऋषियों के आश्रम के पास आया और दावानल में घिरे राजा धृतराष्ट्र, पत्नी गांधारी और देवी कुंती तीनों ही अग्नि की ज्वालाओं के बीच भस्मीभूत हो गए। लाक्षागृह की जिस अग्नि में पांडवों के बदले निर्दोष निषादों के प्राण गए थे, खांडव वन की जिस अग्नि में निर्दोष नागप्रजा का संहार हुआ था, उसी अग्नि ने इस अरण्य में प्रकट होकर जैसे अपना एक नितांत नया रूप प्रकट किया। जंगली समझे जानेवाले निषादों, देवराज इंद्र द्वारा रक्षित माने जानेवाले नागों तथा प्रतापी भीष्म के पौत्रों और समर्थ पांडवों के ज्येष्ठ पिता धृतराष्ट्र और कुंती, इन तीनों के ही प्रति प्रकृति मानो समदृष्टि से ही देख रही हो, ऐसा दृश्य यहाँ दृष्टिगत होता है।

इन तीनों की मृत्यु का समाचार हस्तिनापुर में बहुत लंबे समय बाद प्राप्त हुआ है। इसके बाद युधिष्ठिर जहाँ दावानल जला था, वहाँ जाकर बिखरी अस्थियाँ ढूँढ़ निकालते हैं और इन अस्थियों को उचित संस्कार करने के बाद गंगा के प्रवाह में प्रवाहित कर देते हैं। दावानल में मात्र धृतराष्ट्र, गांधारी और कुंती की ही मृत्यु हुई हो, ऐसा तो संभव नहीं, अन्य अरण्यवासी

प्राणी भी इसका भोग बने ही होंगे। अत: दावानल शांत होने के बाद जो अस्थियाँ प्राप्त हुई होंगी वे मानव अस्थियाँ रही हों तो भी नितांत श्रद्धाभाव से ही उनका विसर्जन हो सकता है। ये अंतिम क्षण भी एक तरह से देखें तो आत्मविलोपन (आत्महत्या) जैसे ही हैं। धृतराष्ट्र तो अंधे थे और गांधारी ने भी अपनी आँखों पर पट्टी बाँध रखी थी, परंतु कुंती अपनी दोनों आँखों से यह दारुण अंत अवश्य देखती रही होगी। राजा धृतराष्ट्र का पात्रालेखन ही ऐसा हुआ है कि उनका अंत स्वस्थ और साहजिक कदापि नहीं हो सकता।

महाभारत के अन्य एक वरिष्ठ पात्र आचार्य द्रोण हैं। द्रोण जन्म से ब्राह्मण हैं, किंतु ब्रह्मत्व के कहे जा सकें, ऐसे अस्तिवाचक (सकारात्मक) गुणों को उनमें अभाव है। आजीवन संपत्ति-प्रेम, पुत्रमोह तथा वैरभावना के बीच द्रोण घिरे रहे हैं। उनकी मृत्यु का निमित्त भी उनका पुत्रमोह ही बना है। पुत्र अश्वत्थामा मारा गया है, यह जानते ही द्रोण कर्तव्यभ्रष्ट हुए और जिस सैन्य के अधिपति के रूप में उन्हें राजा दुर्योधन की विजय करानी थी, उस सैन्य और विजय को भूलकर उन्होंने शस्त्रत्याग किया। इस शस्त्रत्याग का अर्थ स्वयं के पक्ष का पराभव तो होता ही था, पर उनकी स्वयं की मृत्यु भी इस कदम से होगी, यह निश्चित था। यह जानते हुए भी उन्होंने शस्त्रत्याग किया। पांडव सेनापति धृष्टद्युम्न उनका वध करे, इसके पहले ही आचार्य द्रोण ने समाधिस्थ अवस्था प्राप्त कर ली थी, इसलिए जिसे हम द्रोणवध कहते हैं, वह तो उनकी देह की क्षति थी और आत्मा तो इसके पूर्व ही ब्रह्मनिष्ठ हो चुकी थी। इसके बावजूद द्रोण के इस प्राणत्याग की घटना को भी कमोबेश आत्मविलोपन ही कहा जा सकता है। समाधिस्थ होने के पूर्व अंतरिक्ष में द्रोण के पिता भरद्वाज सहित अन्य ऋषियों ने प्रकट होकर द्रोण को शस्त्रत्याग करने और ब्राह्मणधर्म में वापस आने का सुझाव दिया था। यह सुझाव यानी कि अब और एक भी संहार किए बिना क्षमा-भावना अपनानी और शस्त्रों का त्याग करके ब्रह्मनिष्ठ होना था। द्रोण ने इस सुझाव को स्वीकार किया, पर इसे स्वीकार करने में स्वस्थता की अपेक्षा पुत्रमोह से प्रेरित हताशा का ही प्राधान्य है।

राज्यारोहण के छत्तीसवें वर्ष में माता गांधारी के शाप के कारण यदुवंश का नाश हुआ और स्वयं कृष्ण ने भी देह त्याग दिया। यह वृत्तांत जब हस्तिनापुर पहुँचा तो महाराज युधिष्ठिर संपूर्ण स्वस्थता के साथ, उसके समग्र व्यक्तित्व में सबसे उत्तम कहा जा सके, ऐसा वाक्य बोले हैं। 'महाप्रास्थानिक पर्व' के पहले अध्याय का तीसरा श्लोक इस प्रकार है :

कालः पचति भूतानि सर्वाव्येप महामते।
कालपाशमहं मनये त्वमपि द्रष्टुमर्हसि॥

अर्थात् प्राणिमात्र को काल उसके निश्चित अंत की ओर खींच ले जाता है। अब मैं काल के इस प्रचंड बंधन को स्वीकार कर रहा हूँ और हे अर्जुन, तुम सब भी इस दिशा में नजर करो।

राजा युधिष्ठिर ने समग्र महाभारत में समय-समय पर मृत्यु के विषय में ढेर सारा चिंतन किया है, पर मृत्यु का यह स्वीकार कोई हताशा में से नहीं बल्कि जैसे समझदारी में से प्रगट हुआ हो, इस तरह यहाँ व्यक्त हुआ है। मृत्यु के विषय मैं युधिष्ठिर की इस स्वस्थता का आभास यक्ष-युधिष्ठिर संवाद के प्रसंग में अरण्यवास के दौरान हमें देखने को मिलता है। यहाँ अपने चारों भाइयों के मृत शरीर को देखने के बाद भी युधिष्ठिर विचलित नहीं हुए बल्कि मृत्यु के इस रहस्य का पार पाने के लिए मानो सतर्क हो गए हैं। कृष्ण के विदा होने की बात जानते ही अन्य सभी जब स्तब्ध हो गए हैं, उस समय युधिष्ठिर मृत्यु की पूर्व तैयारी कर रहे हों, इस तरह पूरी शांति के साथ राज्य की व्यवस्था करते हैं। पुत्र परीक्षित का हस्तिनापुर में राज्याभिषेक किया और एकमात्र बचे यदुवंशी वज्र को इंद्रप्रस्थ का राज्य सौंपा तथा महाराज धृतराष्ट्र के, पर वेश्या के पुत्र युयुत्सु को इस संपूर्ण व्यवस्था का भार सौंपा। इतना करने के बाद युधिष्ठिर ने भाइयों और द्रौपदी के साथ हिमालय की ओर प्रयाण किया। हिमालय की ओर के इस प्रयाण का उद्‌देश्य तो मृत्यु की ओर की गति ही थी, इसलिए फिर एक बार इस मृत्यु को भी आत्मविलोपन ही कहा जा सकता है।

हिमालय की इस यात्रा में एकमात्र युधिष्ठिर को छोड़कर द्रौपदी और शेष चारों पांडव के शरीर मार्ग में ही ढह पड़े हैं। और भूमि पर पड़े इस शरीर में अभी श्वास चल रहा है, तभी अन्य सभी आगे बढ़ गए हैं। एक के बाद एक पांडव मृत्युवश होते गए और उनकी देह का कोई भी संस्कार किए बिना बचे हुए पांडुपुत्र अपनी यात्रा में आगे बढ़ते रहे हैं। इस प्रकार अंतिम क्षणों में एकाकी युधिष्ठिर सशरीर स्वर्गलोक प्राप्त करते हैं।

इन सब के बीच दुर्योधन की मृत्यु विशेष स्थान रखती है। दुर्योधन का वध धर्मयुद्ध के विरुद्ध जाकर भीमसेन ने किया था और यह अधर्माचरण धर्म के परम वेत्ता श्रीकृष्ण की सम्मति से हुआ था, यह जानने के बाद दुर्योधन मृत्यु के एकदम समक्ष होने के बावजूद व्यग्र नहीं हुआ। उसने कृष्ण के इस अधर्म के विरुद्ध नितांत तर्कपूर्ण कहा जा सके, ऐसा आक्रोश व्यक्त किया है और जीवन के इस अंतिम क्षण में जब वह अंतिम श्वास ले रहा था तो महाभारतकार लिखते हैं कि उसके क्षत-विक्षत शरीर पर अंतरिक्ष से पवित्र और सुगंधित पुष्पों की वर्षा होने लगी। गंधर्वों ने अंतरिक्ष में से मनोहर वाद्ययंत्रों से सुमधुर संगीत प्रवाहित किया। अप्सराएँ मधुर कंठ से दुर्योधन की प्रशस्ति करनेवाले गीत गाने लगीं। चारों दिशाएँ प्रकाशित हो गईं। आकाश नीलम की भाँति चमकने लगा। पवित्र, सुगंधित तथा शीतल हवा बहने लगी और अंतरिक्ष में से सिद्ध पुरुष 'धन्य-धन्य' बोल उठे। उस क्षण दुर्योधन मानो मृत्यु को भी चुनौती दे रहा हो, इस तरह कहता है कि इस अंत का मुझे कोई शोक नहीं, क्योंकि मैंने विधिपूर्वक विद्याभ्यास किया है, पुष्कल दान किया है, यज्ञ किए हैं, पृथ्वी पर शासन किया है और शत्रुओं के मस्तक पर पग रखकर खड़ा हूँ। मैंने जीवन का समग्र ऐश्वर्य भोगा है, इसलिए मृत्यु का मुझे शोक नहीं। ऐसा उत्कृष्ट अंत दूसरे किसी का हो नहीं सकता।

यह सबसे उल्लेखनीय बात यह है कि पितामह भीष्म के देहत्याग के प्रसंग में पुष्पवृष्टि की बात मात्र आधे चरण में ही समेट लेनेवाले महाभारतकार ने दुर्योधन के देहत्याग के प्रसंग में पूरे तीन श्लोक इस पुष्पवृष्टि के उपरांत अन्य पवित्र लक्षणों का उल्लेख किया है। दुर्योधन अहंकारी था, ऐसा कहा

जा सकता है और मृत्यु के क्षण भी वह अहंकार से मुक्त न हुआ हो, ऐसा यह व्यवहार है, ऐसा कहा जा सकता है। फिर भी युधिष्ठिर के बाद एकमात्र दुर्योधन ने ही संपूर्ण स्वस्थता से किसी भी प्रकार की हताशा या व्यग्रता के बिना मृत्यु को स्वीकारा है, इस निष्कर्ष पर आने में तनिक भी जोखिम नहीं है।

इन सब के बीच एकमात्र कृष्ण के देहधर्म की समाप्ति इन सभी से एकदम अलग दिखाई देती है। श्रीकृष्ण आजीवन समग्र घटनाचक्र को नितांत तटस्थ भाव से ही मूल्यांकित करते रहे हैं। नियतिचक्र का सहजभाव से स्वीकार जैसे उनके जीवन का मंत्र रहा है। दुर्योधन जब मरणोन्मुख था, उस समय उसने कृष्ण के बारे में जो उद्‌गार व्यक्त किए हैं, उनके उत्तर देते हुए कृष्ण एक ही बार अपनी आजीवन स्वस्थता और गौरव से विचलित हुए हों, ऐसा लगता है। शिशुपाल वध के समय भी जिन्होंने एक भी अपशब्द नहीं कहा था, उस कृष्ण ने दुर्योधन को संख्याबद्ध अपशब्दों से नवाजा है। यह एक अपवाद छोड़ दें तो कृष्ण का जीवन सांगोपांग तटस्थ और धर्मप्रेरित ही रहा है। समग्र यदुकुल को तथा पांडु के पुद्‌गल जैसे परिवारजनों को उन्होंने नष्ट होते देखा। इतना ही नहीं, यह विनाश अपरिहार्य है, इस परम बुद्धि से इसका स्वीकार भी किया। मानव जीवन में चाहे जितनी भी सिद्धि प्राप्त कर लें या फिर चाहे जितने भी पराक्रम कर लें, पर अंतिम क्षण में तो यह सारा ही व्यर्थ हो जाता है और सह-स्वस्थता से एकाकी प्रयाण ही उसका उद्‌देश्य होना चाहिए। इसी का संकेत देता अंत अर्थात् कृष्ण का देहत्याग। ममता स्वजनों की हो या अन्य किन्ही भावनाओं की हो, परंतु उसका परित्याग ही मृत्यु का परित्याग बन सकता है। ममत्व (मेरा होने की भावना) ही मृत्यु है और ममत्व का त्याग माने अमरत्व।

महाभारत के तमाम पात्रों के मृत्युचिंतन के विषय में और उनके स्वाभाविक अंत के बाद यदि मृत्यु के विषय में कुछ सार रूप में ग्रहण करना हो तो हमें इस विदुर वाणी का उदाहरण देना चाहिए। युद्ध के अंत में सर्वस्व गँवा चुके ज्येष्ठ भ्राता धृतराष्ट्र को सांत्वना देते हुए विदुर ने कहा है :

अददर्शनादावतिताः पुनश्वादर्शमनं गता।
न ते तब न तेषां त्वं तत्रका परिवेदना॥

('स्त्री पर्व' अध्याय 2, श्लोक 8)

अर्थात् हम सभी अदृश्य में से यहाँ दृश्य हुए हैं और पुनः अदृश्य में ही विलीन होने वाले हैं। जो गए हैं, वे हमारे कोई नहीं थे और हम भी उनके कोई नहीं है, फिर शोक का कारण क्या हो सकता है?

□

19

आसक्ति का अंत नहीं और जीवन अनंत नहीं

महाभारत की रचना के पीछे का मूल उद्‌देश्य महाकवि ने आरंभ में ही स्पष्ट किया है। यह उद्‌देश्य एकलक्षी नहीं, बहुलक्षी है। ऐसे उद्‌देश्यों की परिपूर्ति के लिए कुरुवंश का कथानक आधार की भूमिका पूरी करता है। इस मूल कथानक के साथ ही महाभारत में संख्याबद्ध उपकथानक भी जुड़े हैं। ऐसे उपाख्यानों का कोई निश्चित आशय रहा है क्या? इन तमाम उपाख्यानों में कुरुकथा के मूल आख्यान के बाद उद्‌देश्यों की दृष्टि से सर्वाधिक महत्त्व का कहा जा सके, ऐसा उपाख्यान कौन सा है और उसका उद्‌देश्य क्या है?

सही कहें तो महाभारत का कथाप्रवाह गौमुख में से उत्पन्न होती गंगा के उद्‌गम-स्थान जैसा नहीं है। गौमुख का दर्शन जिन्होंने किया है, उन्हें अच्छी तरह पता होगा कि यहाँ से निकलती गंगा तो एक लघुरूप में बहता एक नन्हा झरना ही है। यह प्रवाह अपने गंतव्य-स्थान समुद्र के निकट जाकर

गंगासागर बनकर विराट् रूप धारण करता है। महाभारत के कथानक का आरंभ ही गंगासागर की तरह विराट् रूप में हुआ है। और जैसे-जैसे यह कथानक आगे बढ़ता जाता है, वैसे-वैसे उसका स्वरूप अधिक व्यापक बनता जाता है। फिर भी यह कथानक जब अपने स्वाभाविक गंतव्य स्थान यानी कि अपने अंत के निकट आता है, तब उसकी व्यापकता क्षीण होती हो और आकाश की तरह विस्तीर्ण हुए स्वरूप को जैसे किसी निश्चित स्थान पर केंद्रित कर दिया जाता हो, ऐसी अनुभूति पाठक को होती है। जिस प्रकार सरिता के प्रवाह में बीच-बीच में संख्याबद्ध झरने मिलकर उसे पुष्ट करते हैं और अंत में पूरी सरिता अपने अस्तित्व का विलोपन समुद्र में करके धन्य हो जाती है, उसी तरह महाभारत में मुख्य कथानक में अनेक कथानक आते रहे हैं और उपाख्यानों से पुष्ट तथा कभी-कभी तो अदोदला बना उसका प्रवाह जब अपना विलय करता है तो जैसे उसका समर्पण समुद्र में नहीं बल्कि सरस्वती की भाँति वसुंधरा के किसी अगम्य अंक में चला जाता हो, ऐसा लगता है।

महाभारत का आरंभ ही एक उपाख्यान से हुआ है। उत्तुंक और तक्षक नाग की कथा का आश्रय लेकर महाभरतकार उत्तुंक को जनमेजय के पास भेजता है और जनमेजय के सर्पसत्र में पधारे ऋषियों के पास से महाभारत के मूल कथानक का आरंभ होता है। मूल कथानक भी आरंभ में संक्षेप में कहा गया है। उसके बाद ही विस्तृत कथानक शुरू हुआ है। उसमें भी कई जगहों पर फ्लैशबैक पद्धति का सहारा लिया गया है। मूल कथानक में ही पात्रों की संख्या विपुल प्रमाण में है। प्रत्येक पात्र की उसके जन्म, पूर्वजन्म और पुनर्जन्म की भी विशेष कथाएँ हैं, परिणामस्वरूप, जिसे आनुषंगिक कहा जा सके, ऐसे अनेक उपकथानक उसमें जुड़ गए हैं। (ऐसे कुल 101 कथानक हैं, ऐसी गणना की गई है।) ऐसे उन कथानकों को यदि निकाल दें तो महाभारत का मूल कथानक तो आधे से भी कम पृष्ठों में समाकर रह जाएगा। इन उपाख्यानों में रामायण की भी कथा आती है, नल-दमयंती या शकुंतला आख्यान भी प्रस्तुत हुए हैं। ययाति, शर्मिष्ठा और देवयानी की कथा, पुरुरवा और उर्वशी का उपाख्यान,

च्यवन और सुकन्या का उपकथानक जैसे अनेक प्रसंग इसमें मिले हैं। इन उपाख्यानों में से प्रत्येक उपाख्यान के पीछे एक नहीं, अनेक भिन्न-भिन्न अर्थघटन तथा हेतु अलग-अलग विद्वानों ने देखे हैं। एक-एक उपकथानक पर विद्वानों और चिंतकों ने अलग-अलग ग्रंथ भी रचे हैं।

इन तमाम उपाख्यानों में राजा ययाति का उपाख्यान विशिष्ट स्थान रखता है। रामोपाख्यान के विषय में भी ऐसा कहा तो जा सकता है, परंतु यह रामकथा इसके पहले ही वाल्मीकि कृत ग्रंथ रामायण द्वारा कही जा चुकी है, इसलिए रामोपाख्यान को एक स्वतंत्र कथा का संक्षिप्त रूप महाभारत में दिया गया है, ऐसा ही कहना चाहिए। शकुंतला और दुष्यंत का कथानक सबसे अधिक प्रख्यात है। यह सही है, किंतु इस कथानक में जो प्रख्यात है, वह महाकवि व्यास द्वारा विरचित नहीं है, बल्कि अनुवर्ती सर्जक कालिदास ने इस उपाख्यान को स्वयं जिस प्रकार से मूल्यांकित किया था, वह मूल्यांकन ही आज हमारे समक्ष अधिक प्रमाण में दृढ बन गया है। ययाति के उपाख्यान के विषय में ऐसा कुछ नहीं कहा जा सकता है।

ययाति महाराज नहुष का पुत्र था। नहुष ने इंद्रपद भी प्राप्त किया था, परंतु यह पद प्राप्त करने के बाद अहंकार के कारण वह शापित हुआ और सर्पयोनि में उसे जन्म धारण करना पड़ा। ययाति भी अपराजित और मन तथा इंद्रियों को संयम में रखनेवाला राजा था, ऐसा उल्लेख है। इसके बाद उसने शुक्राचार्य की पुत्री देवयानी के साथ विवाह किया। वैवाहिक जीवन के दौरान ययाति का अनुराग शर्मिष्ठा के प्रति उत्पन्न हुआ। पति के इस व्यवहार से अप्रसन्न होकर देवयानी ने पिता शुक्राचार्य से शिकायत की। शुक्राचार्य ने पुत्री को प्रसन्न करने के लिए ययाति को शापित किया। देवयानी जैसी पत्नी होने पर भी ययाति ने अन्य स्त्रियों में आसक्ति रखी, इसका कारण उसका यौवन, दैहिक सुखोपयोग की उसकी उत्कंठा और इंद्रियों की चंचलता थी। इसे ध्यान में रखते हुए शुक्राचार्य ने ययाति का यौवन नष्ट कर दिया। ययाति ने वृद्धावस्था प्राप्त की। सुखोपभोग भले शरीर के माध्यम से उपलब्ध होता हो, परंतु उसका उद्गम-स्थान और गंतव्य-

स्थान तो मनुष्य का मन ही होता है। ययाति की देह भले क्षीण हो गई हो, पर उसके चित्त में ऐसे स्थूल उपभोग की आसक्ति अभी शांत नहीं हुई थी। शुक्राचार्य से जब शापित हुआ, उस समय ययाति की आयु निश्चित ही उत्तरकाल में रही होगी, क्योंकि उस समय भी वह पाँच युवा पुत्रों का पिता तो था ही। जो राजा यौवन के आरंभकाल में मन तथा इंद्रियों को वश में कर सका था, वही राजा ढलती उम्र में चित्त को वश में नहीं कर सका। आसक्ति यथावत् रहे और इंद्रियाँ क्षीण हो जाएँ, उस समय व्यक्ति कैसी करुण और दयनीय परिस्थिति से गुजरता है, इसका उत्तम उदाहरण यहाँ हमें ययाति में देखने को मिलता है। ऐसा विषयांध व्यक्ति किस सीमा तक विवेकबुद्धि भी गँवा देता है, यह भी हमें ययाति के उपाख्यान में जानने को मिलता है।

जिसके चित्त में वासनाएँ अभी तक शांत नहीं हुईं, ऐसे ययाति ने लाचार होकर स्वमान तथा आत्म-गौरव त्यागकर शुक्राचार्य से शापनिवारण करने के लिए प्रार्थना की और पति की यह अब दशा देखकर क्षुब्ध हुई देवयानी ने पिता से प्रार्थना की, इसलिए शुक्राचार्य ने शाप का निवारण किया। इस निवारण के अनुसार यदि ययाति का कोई एक पुत्र पिता के साथ अपने यौवन की अदला-बदली करेगा तो पिता पुत्र की युवावस्था प्राप्त करेगा और पुत्र को पिता की वृद्धावस्था स्वीकार करनी पड़ेगी। यह शाप-निवारण तो वास्तविक में मूल शाप से भी बदतर था, पर विषयांध चित्त को कोई संतुलन या विवेक होता ही नहीं, इसलिए राजा ने यह शाप-निवारण स्वीकार किया। इसके बाद लाज-लिहाज त्यागकर राजा एक के बाद एक, अपने पुत्रों से अपनी वृद्धावस्था के बदले में उनसे यौवन की माँग करता है। इसके लिए वह निर्लज्ज भाव से यह भी कहता है कि दैहिक सुखोपभोग से अभी उसका चित्त भरा नहीं, इसलिए पुत्र को पिता के संतोष के लिए त्याग करना चाहिए और कर्तव्य पालन करना चाहिए।

पुत्र को कर्तव्य पालन का ऐसा पाठ सिखाने के लिए धर्म का सहारा लेता यह पिता स्वयं कैसा अधर्माचरण कर रहा था, इसका उसे तनिक भी

खयाल नहीं रहा था। सबसे बड़े बेटे यदु ने पिता की यह याचना स्वीकारी नहीं, इसलिए रोष से भरे राजा ने उसे शापित किया कि यदु के वंशज राज्यविहीन रहेंगे। (यादव यदुवंशी कह जाते हैं और यदु के पिता द्वारा शापित हुए होने के कारण यादवों में एकाधिकारी राजा का शासन नहीं रहा और उनकी शासन व्यवस्था जनतांत्रिक पद्धति की थी)। इसके दूसरे पुत्र तुर्वसु ने भी पिता की माँग अस्वीकार की, इसलिए क्रुध राजा ने उसे म्लेच्छ प्रजा में अपना जीवन व्यतीत करने का शाप दिया। तीसरे पुत्र दुह्य ने भी पिता की यह अनुचित माँग स्वीकार नहीं की, इसलिए रोषित पिता ने अपने इस पुत्र को उसके मनोरथ कभी सिद्ध न होने का शाप दिया। चौथे पुत्र अनु ने भी पिता की माँग स्वीकार नहीं की और पिता ने उसे शाप दिया कि उसकी संतानें यौवनावस्था प्राप्त करने के पहले ही मृत्यु को प्राप्त करेंगी। पाँचवें पुत्र पुरु ने पिता की माँग स्वीकार की और पिता की जरावस्था के बदले अपना यौवन समर्पित किया। पुत्र के इस त्याग से प्रसन्न होकर राजा ने पुरु को वरदान दिया कि उसके राज्यकाल में उसकी प्रजा अपनी समस्त कामनाएँ पूरी करेगी।

पुत्रों को शाप अथवा वरदान दे सके, ऐसा सामर्थ्य रखनेवाला राजा ययाति भी दैहिक वासना के समक्ष कैसा क्षीण हो जाता है, इस पर विचार किया जाना चाहिए। राजा निर्बल नहीं, उसका अतीत भी संयमी और तपोभूत है। शाप अथवा वरदान देने का वह सामर्थ्य रखता है। वह पाँच-पाँच युवा पुत्रों का पिता है। दो-दो स्त्रियों के साथ वर्षों तक संसार भोग चुका है और फिर शुक्राचार्य के पास निर्लज्ज बनकर याचना करता है और उससे भी अधिक दयनीय तथा भ्रष्ट बनकर पुत्रों के पास से यौवन प्राप्त करने के लिए प्रयास करता है। आसक्ति अथवा वासना कितनी प्रचंड है और देह के अस्तित्व को इनकार कर प्राप्त किया हुआ ज्ञान तथा आत्मा-परमात्मा की अनुभूति भी उपलब्धि के क्षण में कैसे गिर जाती है, यह इस दृष्टांत अस्ट्रिल समझा जा सकता है। ज्ञान प्राप्त करना एक बात है और इस ज्ञान को व्यवहार में प्रत्यक्ष करना एकदम दूसरी बात है। मानव जीवन की यह कठिन समस्या है। आदिकाल से मनुष्य इस समस्या में उलझता रहा है। वह इसका निराकरण

करना चाहता है। इसके लिए वह प्रयत्नशील भी है, इसके बावजूद उसकी प्राप्ति उसे नहीं होती। इतना ही नहीं, संकट के क्षण में वह विचलित हो जाता है और इस तरह मानवजाति का यह अविरत संघर्ष सतत चलता रहता है।

पुत्र पुरु के पास से प्राप्त किए गए उधार के यौवन द्वारा भी राजा ने पूरे एक हजार वर्ष तक भोग किया, आनंद प्राप्त किया। परंतु एक हजार वर्ष के अंत में भी वे वासनाएँ एक हजार वर्ष पूर्व जैसी थीं, वैसी की वैसी रहीं तो राजा को यह परम ज्ञान प्राप्त हुआ कि आसक्ति का कोई अंत नहीं और आयुष्य कभी अनंत होता नहीं। राजा ने बाद में पुत्र पुरु को उसका यौवन वापस सौंप दिया और जरावस्था स्वीकार की और अरण्यवास किया।

यह समग्र उपाख्यान मानव जीवन के आधारभूत संघर्षों का सुंदर चित्रण करता है। मनुष्य पैदा हुआ, तभी से उसके चित्त में अपार आसक्तियाँ दबी हुई हैं और अमाप विराट् व्यक्तित्व प्राप्त करने के बाद भी यदि इन आसक्तियों पर संयम नहीं पाला जा सके तो क्षुद्र अवस्था में पड़ जाना पड़ता है। इसके बावजूद विषयोपभोग की उपेक्षा करने में भी बद्धिमानी नहीं है और विषयों के संबंध में लालसा का होना निंद्य समझा जाता हो, तो भी वह त्याज्य नहीं, इसे मनुष्य जीवन में एक लक्षण के रूप में स्वीकार करना चाहिए। इसके साथ ही इसका उत्कट उपभोग करने से कभी भी तृप्ति प्राप्त नहीं होती और यह तृप्ति तो उसके संयमित उपभोग तथा उस उपभोग के अंत में समझदारीपूर्ण संतोष में ही है। यह परम संदेश इस उपाख्यान में से हमें मिलता है। यह संदेश कालातीत है। जब तक मनुष्य जीता है, तब तक यह संघर्ष और यह संदेश दोनों अविचल हैं।

□

20
संबंध के शिखर से होता संवाद

महाभारत की कथा अपने मूल कथातत्त्व को लेकर अनेक स्थानों पर धर्मोपदेश बन जाए, ऐसे व्याख्यानों या संवादों से सभर है। ऐसे विशिष्ट संवादों और उनका महत्त्व, स्थान, कथानकों में उनसे पैदा होती गति अथवा उनके शाश्वत मूल्य के विषय में कोई निरीक्षण हो सकता है क्या?

महाभारत के आरंभकाल में ही महर्षि व्यास ने जो उद्‌देश्य लक्ष्य में रखा है, उसमें धर्म सबसे प्रधान स्थान पर है। महाभारत के अंत में भी वह सर्जक दोनों हाथ ऊँचा करके कहता है कि धर्म के अनुशीलन से ही बाकी के तीनों पुरुषार्थ सिद्ध होते हैं, फिर भी कोई धर्म का अनुशीलन नहीं करता। मनुष्य जाति की यह विषम और गहरी करुणता है। एक तरह से देखें तो महाभारत इस करुणता की कथा है और समझदारी होने के बावजूद अनुशीलन न कर सकने से प्राप्त होती घोर निष्फलता की कथा है।

धर्मतत्त्व ही जब प्रधान स्थान पर हो तो कथाप्रवाह के मध्य में भी यह तत्त्व प्रकट या अप्रकट रूप में व्यक्त होगा ही। पात्रों के व्यवहार और घटनाओं के प्रवाह में यह तत्त्व परोक्ष रूप से प्रकट होता है, जबकि समय-समय पर पात्रों के बीच के संवादों द्वारा यह तत्त्व प्रत्यक्ष रूप में व्यक्त होता

है। ऐसे संवाद महाभारत का एक विशिष्ट अंग भी हैं। इस प्रकार के छोटे-बड़े असंख्य संवाद देखे जा सकते हैं। इतना ही नहीं, ऐसे अनेक पृष्ठ हैं, जिनमें नितांत सामान्य या नगण्य लगते संवाद में भी धर्म का कोई-न-कोई गूढ तत्त्व प्रकट होता है।

फिर भी कई विशेष प्रकार के संवाद महाभारत में स्थान पाए हैं। शरशय्या पर पड़े और मृत्यु की प्रतीक्षा कर रहे पितामह भीष्म से ज्ञान संपादन करने को आतुर पौत्रों ने जो प्रश्न किए हैं और पितामह द्वारा दिए गए उनके उत्तरों से भरा यह संवाद अनुशासन तथा शांतिपर्व के सैकड़ों पृष्ठों में फैला है। पौत्र युधिष्ठिर पितामह को राज्यशासन से लेकर स्त्री-पुरुष के बीच के लैंगिक संबंधों तक के अनेक प्रश्न पूछते हैं और पितामह इन प्रत्येक प्रश्न के उत्तर में कोई-न-कोई कथानक कहकर उसका निष्कर्ष प्रस्तुत करते हैं। यह समूचा संवाद वैसे तो युधिष्ठिर और भीष्म के बीच हुआ है, परंतु इस संवाद के समय सभी कौरव-पांडव तथा स्वयं कृष्ण वहाँ उपस्थित रहे हैं, इसलिए स्वाभाविक रूप से ही अन्य पात्र भी बीच-बीच में इस संवाद में भाग लेते हैं। उत्तर देते समय पितामह भीष्म अन्य कथानकों का आश्रय लेते हैं और इसके कारण अन्य पात्रों द्वारा भी भिन्न-भिन्न संवाद भी प्रायोजित हुए हैं। अन्य धर्मोपदेश जब किसी निश्चित परिस्थिति या मनोभूमिका को लक्ष्य में रखकर होता है तो यहाँ यह भीष्म-युधिष्ठिर संवाद तमाम परिस्थितियों से परे जाकर तथा किसी भी प्रकार की मनोभूमिका के बिना ही निरे ज्ञान की प्राप्ति के लिए प्रायोजित किया हुआ एक सत्र हो, ऐसा लगता है। संपूर्ण कुरुकथा लगभग समाप्त हो चुकी है और अब जो कुछ शेष है, वह धर्माचरण और ज्ञान प्राप्ति ही है, इसका ही मानो यहाँ संकेत मिलता है। इन संवादों में विषयों की जो व्यापकता है, और ज्ञान प्राप्ति, वह किसी को भी आश्चर्यचकित कर दे, ऐसी है। महाभारत के आरंभकाल में जो कहा गया है कि 'व्यासोच्छिष्टम जगत्सर्वम्' तथा जो यहाँ है, वही सर्वत्र है और जो यहाँ नहीं, वह कहीं भी नहीं, इसका ही मानो हम इस प्रश्नोत्तरी जैसे संवाद में साक्षात्कार करते हैं।

इस प्रकार का दूसरा एक संवाद जो 'विदुर-नीति' अथवा 'विदुर-गीता' के रूप में प्रसिद्ध है, उसका स्थान महाभारत के 'उद्योगपर्व' में आया है। युद्ध के पूर्व की संधि-वार्त्ता चल रही है और राजा धृतराष्ट्र का संदेश लेकर पांडवों के पास उपलव्य गया दूत संजय पांडवों का प्रत्युत्तर संदेश लेकर वापस लौटा है। जब वह वापस लौटा, उस समय रात्रि का आरंभ हो चुका था, इसलिए महाराज धृतराष्ट्र को अपने आने की सूचना देकर संजय यह संदेश वह दूसरे दिन कुरुसभा में विस्तारपूर्वक प्रस्तुत करेगा, यह कहकर चला गया और फिर इस संदेश में पांडवों ने यदि युद्ध करने का संदेश भेजा होगा तो संभावित परिणाम से भयभीत होकर राजा को निद्रा नहीं आती है। पुत्रमोह और राज्यलोभ के कारण वह सत्य समझते हुए भी न्याय नहीं कर सकता है और श्रेय समझने के बावजूद प्रेय को त्याग नहीं सकता है। मानव-मन की शाश्वत दुर्बलता यहाँ विवश होकर सवार हो जाती है। राजा निद्रावश नहीं हो पाता है और अनिद्रावस्था में विदुर को बुलाकर अपने अशांत चित्त को शांति प्राप्त हो, ऐसी कोई बात करने की सूचना देता है।

विदुर एक नाड़ी-पारखी वैद्य की तरह अनिद्रा के इस रोग को उसके मूल से परखकर शुश्रूषा करनी हो, इस तरह राजा से आरंभ में ही पूछते हैं, "हे राजा! अनिद्रा की यह अवस्था चार प्रकार की होती है। बलवान शत्रु के साथ जिसे वैरभाव हुआ हो, जिसका सर्वस्व नष्ट हो गया हो, जो कामी हो, और जो चौर्यवृत्ति से प्रेरित हो, इन चार अवस्थाओं में व्यक्ति निद्रावश नहीं हो सकता। और यहाँ विदुर राजा से उस वैद्य की तरह ही तुरंत पूछते हैं कि महाराज आप इन चारों में से किस अवस्था में से गुजर रहे हैं? इसके बाद विदुर ने धृतराष्ट्र को जो धर्मविवेचना सुनाई है, उसका स्थान महाभारत के ऐसे संवादों में बहुत ऊँचा है। उस समय ऐसे नीतिपूर्ण उपदेश के बाद विदुर सनत्सुजात के रूप में जाने जानेवाले सनतकुमरों को प्रकट होने के लिए प्रार्थना करते हैं और इस प्रार्थना के अनुसंधान में उपस्थित हुए सनत्सुजात ने महाराज धृतराष्ट्र को जो धर्मोपदेश किया है, वह भी इस विदुर-गीता का ही एक भाग बना है।

यक्ष-युधिष्ठिर संवाद के रूप में महाभारत के 'वनपर्व' में जो घटना स्थान पाई है, वह घटना भी इन संवादों के संदर्भ में उल्लेखनीय है। यक्ष के रूप में सरोवर के स्वामित्व का दावा करनेवाले अदृश्य धर्मराज ने तृषातुर पांडवों को एक के बाद एक मृत्युवश कर डाला था। उसके इस सरोवर का जल लेने का अधिकार उसे ही है, जो उसके प्रश्नों के उत्तर दे, ऐसी यक्ष की शर्त पर कान धरने से नकुल, सहदेव, अर्जुन तथा भीम ने अस्वीकार किया और फलस्वरूप इन चारों भाइयों को एक-एक करके अपने प्राण गँवाने पड़े। इस दारुण परिस्थिति के बीच तनिक भी विचलित हुए बिना युधिष्ठिर ने इस अदृश्य यक्ष की आज्ञा स्वीकार की और यक्ष ने जो भी प्रश्न पूछे, उनके यथाशक्ति, यथामति उत्तर दिए। इस प्रश्नोत्तरी ने यक्ष-युधिष्ठिर संवाद के रूप में धर्म और तत्त्व के जानकारों के बीच सम्मानपूर्ण स्थान प्राप्त किया है। इसमें बहुत ही कम शब्दों में, छोटे-छोटे प्रश्न पूछे गए हैं। कभी-कभी तो एक ही श्लोक के चारों चरणों में चार भिन्न-भिन्न प्रश्न पूछे गए हैं। और एक चरण के इस प्रश्न के पीछे नौका की आड़ में छुपते पर्वत जैसी समस्या होने के बावजूद युधिष्ठिर ने इन प्रश्नों की तर्ज पर ही उनके उत्तर दिए हैं। एक ही श्लोक के चार चरण में युधिष्ठिर वैसी ही प्रगल्भता उन चारों प्रश्नों के से उत्तर देते हैं। इस प्रश्नोत्तर की व्याप्ति भी 'अनुशासन पर्व' के भीष्म-युधिष्ठिर संवाद जैसी ही है, परंतु उसका विस्तार बमुश्किल चार सर्ग जितना ही रहा है।

इन तमाम संवादों में जिसका स्थान विश्वभर के तत्त्वदर्शन में सबसे ऊँचा रहा है, वह संवाद 'कृष्ण-अर्जुन संवाद' अथवा 'श्रीमद्भगवद्गीता' के रूप में सुप्रसिद्ध है। अठारह अक्षौहिणी सैन्य परस्पर घात करने के लिए रणक्षेत्र में उद्यत हो चुका है, शंखनाद हो रहे हैं और बस प्रथम प्रहार के क्षण की ही प्रतीक्षा हो रही है, प्राण तलवे में टँग जाने जैसे समय में यह संवाद हुआ है। अर्जुन अपने सारथि कृष्ण को अपना रथ इस कुरुक्षेत्र के मध्य में ले जाने को कहते हैं तो यह संवाद भी महाभारत के अठारह पर्वों में ठीक मध्य में यानी कि नौवें पर्व में आयोजित हुआ है। महाभारत में अठारह पर्व हैं, कृष्ण-अर्जुन संवाद का विस्तार भी अठारह सर्गों में है। जिस युद्ध के लिए

अर्जुन वर्षों से प्रतीक्षा कर रहा था, वह युद्ध अब सन्मुख आया है तो वह अपने प्रकृतिधर्म के विरुद्ध जाकर मोहग्रस्त हो गया है। उसकी इस मोहग्रस्त अवस्था को दूर करने के लिए सारथि कृष्ण ने उसे जो उपदेश दिया, वह उपदेश 700 (या 745?) श्लोकों में स्थान पाया है। यहाँ कभी-कभी ऐसा बुद्धिगम्य प्रश्न भी पूछा गया है कि महाविनाश के अगले क्षण में कृष्ण और अर्जुन के बीच इतने अधिक श्लोकों में फैलता यह संवाद हो कैसे सकता है? इतना समय या स्वस्थता वहाँ मिल नहीं सकती और यदि ये दोनों जन इतनी अधिक लंबी बातें करते रहे तो एकत्र हुए अन्य योद्धा कोई मूक साक्षी बनकर यह सारा कुछ देखते नहीं रहेंगे। एक बात यहाँ भुला दी जाती है कि यह संवाद इसी रूप में नहीं भी हुआ होगा। कृष्ण और अर्जुन के बीच के लोकोत्तर संबंध को लक्ष्य में रखें तो प्रत्येक संबंध जब एक भूमिका पर पहुँच जाता है, तो उत्पन्न हुए संवादों में शब्द गौण बन जाते हैं और जो भी संवाद स्थान पाता है, उसमें महत्त्व अनुभूति का होता है। इसमें अनुभूति दोनों पक्षों में एक विशेष स्तर पर पहुँच चुकी होती है। कृष्ण ने अर्जुन को मोहमुक्त करने के लिए जो उपदेश दिया, वह हमारे पास संजय द्वारा महर्षि व्यास ने पहुँचाया है।

यह समग्र कथानक उसके सर्जक ने उसकी समाप्ति के बाद आलेखित किया है, इसलिए इसमें कृष्ण के संवाद का प्राण हो, पर उसका शब्ददेह तो सर्जक व्यास ने ही रचा है, इसलिए किसी बुद्धिगम्य प्रश्न के लिए यहाँ कोई अवकाश ही नहीं। मूल बात जीवन में कदम-कदम पर जब दुविधा या समस्या पैदा होती है तो इसका रहस्य कैसे जानें और उसका निराकरण कैसे पाया जा सके, इसकी तलस्पर्शी और विशद व्याख्या इस संवाद में हुई है। समग्र विश्व-साहित्य में यह एक ही संवाद ऐसा है कि जो तमाम भाषाओं में अनूदित हुआ है, सैकड़ों भाष्य उस पर लिखे गए हैं, फिर भी इसके एक-एक श्लोक में एक-एक भाष्य की क्षमता अभी शेष है।

यह और ऐसे अन्य संवाद महाभारत के मूलभूत उद्देश्य को लक्ष्य में रखकर उसकी पूर्ति करते हैं। शुरू में ही कहा, उस तरह आधारभूत उद्देश्य धर्म का अनुशीलन है और घटनाएँ, वृत्तांत या पात्रों के व्यवहार जब स्थूल

बनकर यह उद्‌देश्य लक्षित करते हैं तो ऐसे संवाद, ऐसी प्रत्येक घटना को उसके मूल से समझने के लिए सूक्ष्मातिसूक्ष्म दार्शनिक दृष्टि से समझने और उसका पार पाने के प्रयास करते हैं। ऐसे संवादों से जो कुछ विशिष्ट है, वह सब तत्काल प्राप्त हो जाता है, ऐसा तो कोई नहीं कह सकता, पर नए सिरे से प्राप्ति के लिए दिशा तो वह खोल ही देती है।

□

21
शासक सगर्भा नारी है

महाभारत के समग्र कथानक में असंख्य राजाओं या राजपरिवारों की कथाएँ जड़ी हैं। तत्कालीन आर्यावर्त अनेक राज्यों में बँटा हुआ था। यूरोप में राजाओं के दैवी अधिकारों का जो सिद्धांत मध्ययुग में प्रचलित हुआ था, ऐसा किसी सिद्धांत को समर्थित करनेवाली महाभारतकालीन राज्यप्रथा नजर आती है क्या? राज्यशासन एकचक्री और अबाधित था या उसके पीछे कोई निश्चित मार्गदर्शक सिद्धांत थे? यदि ऐसा कोई हो तो इसका कोई प्रभाव हमारी वर्तमान शासन पद्धति में दिखाई देता है क्या?

'शांतिपर्व' में पितामह भीष्म ने राजाओं की अथवा राज्यशासन के आरंभ के विषय में पुत्र (पौत्र) युधिष्ठिर को विस्तृत जानकारी दी है। सृष्टि के आदिकाल में सतयुग में कोई भी राज्य पद्धति नहीं थी। सभी लोग अपने-अपने कर्तव्य का धर्मानुसार आचरण करते थे। शासन तभी जरूरी होता है, जब कोई व्यक्ति धर्मलोप करता है और उसका आचरण धर्मविहित न हो। धर्म की पुनः स्थापना हो और अधर्म करनेवाले व्यक्ति पर अनुशासन रखा जा सके, ऐसे ध्येय से शासन का आरंभ हुआ है। इस प्रकार शासन के

जन्म का आधार–तत्त्व ही धर्म है। यह धर्म माने कोई निश्चित संप्रदाय, यह अर्थ यहाँ अभिप्रेत नहीं है। धर्म शब्द समग्र मानवजाति को अधिक उत्कृष्ट भूमिका पर ले जाने के लिए जो आचरण उचित माने गए हैं, वह आचार-संहिता है। सतयुग के अंत में जब धर्म का एक पाया शिथिल हुआ तो ब्रह्मा ने दंडनीति की रचना की और शिथिल हुए पाये के कारण समाज को जो हानि पहुँची थी, उसे एक समान करने के लिए राजा को उत्पन्न किया। पृथ्वी पर जो पहला राजा उत्पन्न हुआ, उसे पृथु के नाम से जाना गया। एक दूसरी कथा के अनुसार जो पहला राजा पैदा हुआ, उसका नाम मनु था और पितामह ब्रह्मा ने उसे पृथ्वी पर धर्म के धुरा का संतुलन बना रहे, इस हेतु से भेजा था।

यहाँ वर्तमान युग में कार्ल मार्क्स ने जिस State Less Society की कल्पना की है, उसे यहाँ याद कर लेना जरूरी है। मार्क्स राज्य विहीन ऐसे समाज को मानवजाति की अंतिम और उत्कृष्ट परिस्थिति कहता है। मनुष्य परस्पर समझदारी-पूर्वक जिए और किसी के आचरण से किसी को भय न हो, ऐसे समाज का निर्माण हो, उसे मार्क्स State Less Society कहते हैं। राज्य बिना की इस समाजरचना को Anarchy अथवा अराजकता के रूप में उसने पहचान कराई है। इसमें अराजकता माने एक उम्दा और आदर्श परिस्थिति, ऐसा अर्थ अभिप्रेत है। पर राज्य के शासन के बिना हम जिस समाज की कल्पना करते हैं, उस अराजकता का रूढ़ अर्थ हमारे लिए तो अंधाधुंधी या अव्यवस्था ही होता है। पितामह भीष्म ने 'शांतिपर्व' में जिस सतयुग का उल्लेख किया है, उसमें कहीं कोई राजा नहीं, कोई शासन नहीं, फिर भी तमाम व्यक्ति धर्मानुसार सुखपूर्वक जीते थे। इस सच्चे अर्थ में अराजकता माने राज्यविहीन व्यवस्था थी और वह बहुत सुखद भी थी।

ऐसा लगता है कि वेदकालीन राज्य परंपरा जब महाभारतकाल में पहुँची तो अधिकांशतः यह प्रथा वंश-परंपरागत हो चुकी थी। 'ऐतरेय ब्राह्मण' में कुल आठ प्रकार के राज्यशासन का सिद्धांत दरशाया है। इन आठों में से महाभारत में बहुधा राजा और कुछ अंश तक गणतंत्र दिखाई देते हैं। राज्य परंपरा वंशानुवंशिक है, पर राजा ज्येष्ठ पुत्र ही होना चाहिए, यह सिद्धांत सर्वोपरि नहीं बना। राजा

प्रतीप के ज्येष्ठ पुत्र देवापि राजा बने, उसके बाद वे कुष्ठ रोगग्रस्त होते हैं। इसलिए सारी प्रजा ऐसे कुष्ठरोगी राजा का विरोध करके उनके छोटे भाई शांतनु को सिंहासन पर स्थापित करती है। इसमें राजा का जन्मगत और अबाधित अधिकार कर तो मर्यादा रखी ही है, पर प्रजा की आवाज की बात भी खासतौर से उभरकर आती है। ध्यान देने योग्य बात यह है कि ज्येष्ठ पुत्र को एक या दूसरे कारण से सिंहासन से वंचित रखने की यह परंपरा देवापि के बाद भीष्म और धृतराष्ट्र तीन पीढ़ियों तक गई है। राजा के अधिकार तथा उसकी मर्यादा के विषय में 'शांतिपर्व और अनुशासन पर्व' में विस्तारपूर्वक वर्णन किया गया है। राज्यधर्म के विषय में इसके उपरांत आदिपर्व में धृतराष्ट्र–कणिक सवांद में भी कूटनीति की चर्चा हुई है।

इसके उपरांत 'आरण्यक पर्व' में मार्कंडेय ऋषि युधिष्ठिर को राज्यधर्म के विषय में ज्ञान देते हैं। 'उद्योगपर्व' में धृतराष्ट्र–विदुर संवाद भी इस राजधर्म के विषय में ही है। 'सभापर्व' में ऐसा नारद–युधिष्ठिर संवाद भी दृष्टिगत होता है। इस प्रकार राजधर्म और राजनीति इन दोनों विषयों पर महाभारत में बड़ी संख्या में संकेत प्राप्त हुए हैं। राजाओं ने परस्पर युद्ध किए हैं, पर पराजित राजा का राज्य कभी भी विजेता राजा ने अपने प्रदेश में मिला दिया हो, ऐसा नहीं हुआ। पराजित राजा विजेता का आधिपत्य स्वीकार ले और उसे भेंट दे, यही पर्याप्त दिखाया है। जहाँ विजेता ने पराजित का वध किया है, वहाँ पराजित राजा के पुत्र को राज्य वापस सौंपा जाता रहा है। जरासंध के वध के बाद उसके पुत्र का सिंहासन पर स्वयं श्रीकृष्ण, भीम तथा अर्जुन ने अभिषेक किया था।

राजा की सत्ता देखने में भले ही अमर्यादित लगती हो, पर व्यवहार में वह वैसी नहीं थी। राजा के शासन में सहायता करने के लिए सभा अथवा समिति या मंत्रिगण उपलब्ध थे। मंत्रियों की संख्या आठ हो, ऐसा संकेत 'शांतिपर्व' में है। इन मंत्रियों की नियुक्ति के विषय में निश्चित मार्गदर्शक सिद्धांत भी निर्धारित थे। जो सभा राजा की सहायता करने के लिए निर्मित की जाती थी, उस सभा की रचना के विषय में भी निश्चित मार्गरेखा थी। इसके सदस्यों की संख्या सैंतीस निश्चित की गई है और उसमें चार विद्वान् तथा प्रत्युत्पन्नमति

(किसी संकट का जिसे तत्काल निराकरण सूझे, ऐसा व्यक्ति) ब्राह्मण, आठ बलवान क्षत्रिय, इक्कीस धनवान वैश्य तथा तीन पवित्र और नित्य कर्माचरणशील शूद्रों का समावेश किया है। इसके उपरांत पचास अथवा उससे अधिक आयु का तथा निर्व्यसनी, ऐसा एक सूत जातीय सभासद भी होना चाहिए। इस प्रकार इन सैंतीस सभासदों में से आठ को राजा नियुक्त करता था। इस समग्र आयोजन में समाज के प्रत्येक वर्ग को क्षमता के अनुसार प्रतिनिधित्व प्राप्त होता और प्रजा के तमाम वर्गों को शासन में सहभागी होने का अवसर मिलता था। इसके उपरांत प्रत्येक राजपरिवार का अपना खुद का एक राजपुरोहित भी रहता था। हस्तिनापुर में धृतराष्ट्र तथा दुर्योधन के राज्यकाल में कृपाचार्य इस पद पर आसीन थे और इंद्रप्रस्थ में तथा युद्ध के अंत में हस्तिनापुर में युधिष्ठिर ने इस पद पर धौम्य ऋषि का चयन किया था। इस पुरोहित धर्म के उपरांत राजनीति के विषय में भी वे राजा को मार्गदर्शन देते थे।

इस सभा, समिति या राजपुरोहित की सलाहों के ऊपर जाना राजा के लिए मुश्किल था। राजकोष हमेशा बढ़ता रहे, यह अपेक्षित तो था, पर वानप्रस्थ लेते समय धृतराष्ट्र ने युधिष्ठिर से कहा है कि राजकोष की वृद्धि न्यायत: होनी चाहिए और अर्थवृद्धि भी अन्याय से नहीं होनी चाहिए। प्रजा पर कर-निर्धरण उसके सामर्थ्य के अनुसार ही करना चाहिए और भ्रमर जिस तरह फूल को क्षति पहुँचाए बिना उसका रस चूसता है, उसी तरह राजा को भी प्रजा से कर लेना चाहिए। राजा के कर्तव्य के विषय में पितामह भीष्म ने जो उदाहरण दिया है, वह किसी भी शासक के लिए कालातीत है। शासक को सगर्भा (गर्भवती) स्त्री जैसा बरताव करना चाहिए और जिस तरह यह स्त्री स्वयं को प्रेय हो, ऐसा व्यवहार नहीं करती, बल्कि गर्भस्थ शिशु का जिसमें श्रेय होता है, वैसा ही व्यवहार करती हैं,उसी तरह राजा को भी प्रजा के साथ संबंध स्थापित करना चाहिए।

हस्तिनापुर में प्रजा कुल मिलाकर संतुष्ट, सुखी और राजपरिवारों के षड्यंत्रों के प्रति उदासीन रही हो, ऐसा लगता है। अन्य राज्यों में भी ऐसी ही परिस्थिति कमोबेश दिखाई देती है। प्रजा की भावना युधिष्ठिर और

पांडवों के प्रति थी, इसके पर्याप्त संकेत हैं, फिर भी द्यूतसभा में जो कुछ हुआ, उसके विरोध में एक भी स्वर प्रजा में नहीं उठा। अरण्य में जाते समय पांडवों को इस प्रजा ने दु:खपूर्वक विदा अवश्य दी है, परंतु इससे अधिक कोई प्रतिभाव प्रजा ने व्यक्त नहीं किया है। इसी प्रकार राजा धृतराष्ट्र जब वानप्रस्थ स्वीकार कर हस्तिनापुर तज देते हैं, तब भी यह प्रजा उन्हें दु:खपूर्वक विदा देती है और राजा भी प्रजा की सम्मति से ही विदा लेते हैं।

वंशानुवंशिक राज्यप्रथा के सिवा अन्य जो एक राज्यप्रथा का उल्लेख महाभारत में से प्राप्त होता है, यह गणतंत्र अथवा संघराज्य का है। ऐसे गणतंत्रों के विषय में कोई विस्तृत जानकारी हमें नहीं मिलती। परंतु प्रसंगोपात्त और सुभद्राहरण के समय 'शांतिपर्व' में नारद-कृष्ण संवाद तथा भीष्म-युधिष्ठिर संवाद में ऐसे गणराज्य अथवा संघ जीवन के संकेत मिलते हैं। ऐसे राज्यों में मुख्यत: मालव, शिबि, वृष्णी, अंधक, त्रिगर्त आदि का समावेश होता है। इन गणराज्यों के मुख्य अधिपति को भी राजा कह कर संबोधित किया जाता था। इस प्रकार राजा का अर्थ मात्र वंशानुवंशिक सिंहासन का स्वामी जैसा सीमित अर्थ अभी तक सर्वमान्य हुआ हो, ऐसा नहीं लगता है।

राज्य का विस्तार अथवा समृद्धि को ही राज्यधर्म नहीं माना गया था। प्रजा कल्याण सबसे महत्त्वपूर्ण विभावना रही है। 'शांतिपर्व' में पितामह ने यह बात बहुत स्पष्टता के साथ कही है—

प्रजा यस्य विवर्धन्ते सरसीव महोत्पलम्।
स सर्वयज्ञफलभाग्राजा लोके महीयते॥

अथार्त् सरोवर में खिले शतदल कमल की भाँति जिसकी प्रजा सदा वर्धित रहती है, वह राजा ही इस जगत् में सन्मान्य माना जाता है।

इस प्रकार राजा सर्वप्रथम और समग्र समाज में प्रधान स्थान पर होने के बावजूद उसका यश प्रजा पर अवलंबित है। आज जब राज्य और धर्म दोनों तत्त्वों को परस्पर विमुख करने का विवाद अग्रस्थान पर रहा है, तब महाभारतकालीन राजधर्म के विषय में विचार करना उचित लगता है। जो

राजा प्रजा की समृद्धि या संतोष का विचार नहीं कर सकता, उसका तो सर्वतः अस्वीकार ही हुआ है और राजा 'कालस्य कारणम्' उक्ति के अनुसार राज्य में जो कुछ भी होता है, उन सभी सकारात्मक और नकारात्मक तत्त्वों के लिए उसे ही उत्तरदायी ठहराया गया है। राज्य पर धर्म का शासन अबाधित रहा है। व्यास, नारद आदि अनेक ऐसे धर्मपुरुष हैं, जो किसी भी रोकटोक के बिना किसी भी राज्य में सर्वत्र विचरण करते हैं और राजा को उचित उपदेश देकर नियंत्रित भी करते हैं। धर्मानुशासन ही हमेशा राज्य का आधारभूत सिद्धांत माना गया है, इस संदर्भ में धर्म को राज्य से मुक्त रखने की आज की दलीलें कितनी नासमझी भरी हैं, इस पर विचार करना रसप्रद है। महाभारत में भगवान् मनु द्वारा निश्चित किए गए दिशा-निर्देशों का भी प्रायः उल्लेख हुआ है और कोई भी शासन-पद्धति इन दिशा-निर्देशों की उपेक्षा नहीं कर सकती। स्थल, काल के संदर्भ में उचित परिवर्तन अनिवार्य हैं, परंतु आधारभूत तत्त्व बने रहने चाहिए।

□

22
प्रजा ही राजा का प्राण है

महाभारत में लगभग सभी मुख्य कथानक अथवा उपकथानक राजपरिवारों के ही हैं। इनमें अधिकांशतः राजमहलों के बाहर बसती प्रजाओं के जीवन या उनकी आकांक्षाओं के विषय में विशेष उल्लेख नहीं है। प्रजा के हित या कल्याण के लिए राजाओं ने, फिर वह दुर्योधन हो या युधिष्ठिर, शिशुपाल हो या जरासंघ, किसी ने विशेष कुछ नहीं किया है क्या? आज हम जिस अर्थ में प्रजाकल्याण को समझते हैं, ऐसे किसी अर्थ में लोककल्याण की कोई कल्पना उस समय के राजाओं द्वारा अमल में लाई गई थी क्या?

महाभारतकालीन कथानक स्पष्टतः राज्यों, राजपरिवारों या राजवंशों की बातों से भरे हैं। जिन्हें हम आज प्रजा (जनता) के अर्थ में जानते हैं, ऐसा कोई समूह इन कथानकों में कहीं कोई भिन्न भूमिका निभाता हो, ऐसा दृश्यमान नहीं होता है। जिस अर्थ में आज हम प्रजा और राजा यानी कि शासित और शासक जैसे दो विभागों से परिचित हैं, ऐसे विरोधाभासी अर्थप्राधान्य वाले ऐसे किसी विशेष वर्ग की कथा महाभारत में नहीं है। राजा एक सामाजिक व्यवस्था है और व्यवस्था के इस भाग के रूप में ही राजा भी अंत में तो प्रजा

अर्थात् समाज का ही एक भाग है। 'शांतिपर्व' में तथा 'आश्रमवासिक पर्व' में राजा और प्रजा दोनों किसी सीमा तक एकरूप हैं और कोई राजा कभी भी प्रजा की उपेक्षा करके राज्य सँभाल नहीं सकता, इसका स्पष्ट निर्देश दिया है। पुत्र युधिष्ठिर को राज्यधर्म के विषय में ज्ञान देते हएु मरणोन्मुख पितामह ने जो बात कही है, वह (अ. 68, श्लोक 18,19,20) इस प्रकार है :

"यदि राजा प्रजा का पालन न करे तो धर्माचारियों पर अनेक प्रकार के दु:ख आ पड़ते हैं और अधर्म ही फैल जाता है। धनवान पुरुषों की सदा हत्या होती रहती है। उन्हें असामाजिक तत्त्व बंधनग्रस्त करते हैं और कोई भी व्यक्ति किसी भी वस्तु को अपना समझता ही नहीं। लोगों की अकाल मृत्यु होती है और पूरा संसार डाकुओं के वश में आ जाता है।"

'आश्रमवासिक पर्व' में राजा धृतराष्ट्र जब हस्तिनापुर त्यागकर अरण्यवास के लिए विदा लेता है तो (अ. 16, श्लोक 18,19,20) इस प्रकार कहा गया है :

—हे राज़ा! धर्मपुत्र युधिष्ठिर, भीम तथा अर्जुन सभी किसी लोक समुदाय को अप्रिय हो, ऐसा कोई आचरण नहीं करते हैं। पांडव नगरजनों के हितेच्छु हैं। वे सज्जनों के प्रति सद्भाव और दुष्टों के प्रति उग्रता दिखाएँगे तथा अन्य कोई भी प्रजाजनों के प्रतिकूल हो, ऐसा आचरण नहीं करेंगे।

वे दोनों उल्लेख एक विभावना बहुत ही स्पष्ट रूप से करते हैं कि राजाओं के लिए प्रजाकल्याण से भिन्न अपना कोई कल्याण हो तो भी उसका स्थान गौण ही था। आज जिसे हम प्रजाकल्याण कहते हैं, ऐसे कोई अलग आयोजन भले ही इन राजाओं ने न किए हों, पर उनकी समग्र कार्यसूची में परोक्ष रूप से भी लोककल्याण का हेतु हमेशा रहा है। राजा अनियंत्रित न बने, इसके लिए सहायभूत होने के लिए सभा और समिति महाभारत में प्राय: दिखाई देती है। तालाब, कुएँ या सरोवर खोदवाना, उन्हें अच्छी तरह सँभालना तथा जलाशय के रूप में उनका मुक्त विनियोग हो, ऐसी व्यवस्था करना, ये सब अनिवार्य राजकर्म समझे जाते थे। युधिष्ठिर ने इंद्रप्रस्थ बसाया, उस समय राज्य में ऐसे जलाशयों की विशेष व्यवस्था की थी। प्रजा की रक्षा तथा

पर्यावरण, इन दोनों दृष्टि से वृक्षोच्छेदन के विषय में रसप्रद उल्लेख 'शांतिपर्व' में (अ. 69, श्लोक 39-40) किया गया है, जिसमें शत्रु गुप्तवास कर सकें और जिनके फल, फूल, छाया, काष्ठ आदि युद्ध के समय में शत्रु उपयोग में ले सकें, ऐसे नगर के नजदीक के वृक्षों का नाश करना, किंतु मंदिरों या आश्रमों के वृक्षों को सँभालने की बात यहाँ कही गई है। आज हम जिसे नेशनल हाईवे कहते हैं या स्टेट हाईवे कहते हैं, ऐसे दो प्रकार के स्थलमार्गों का उल्लेख महाभारत में है।

ऐसे मार्गों में एक राज्य को दूसरे राज्य के साथ जोड़ते मार्ग तथा एक नगर को दूसरे नगर के साथ जोड़ते मार्ग हैं। वनवासी राजा नल ऐसे तीन मार्गों के तिराहे पर खड़ा होकर एक मार्ग पसंद करता है। इसमें इस प्रकार के मार्गों के संकेत मिलते हैं। मार्ग पर यात्रा करनेवाले सामान्य व्यक्ति बीच-बीच में विश्राम कर सकें, इसके लिए विशेष धर्मशालाएँ, जिन्हें 'पांथशाला' कहा गया है, उनके उल्लेख महाभारत के 'उद्योगपर्व' (अ. 83, श्लोक-4) तथा 'आदिपर्व' (अ. 129, श्लोक 4) में मिलते हैं। प्रजा के मनोरंजन के लिए विहार और उद्यान भी नजर आते हैं। ऐसे सार्वजनिक उपयोग में लाए जानेवाले स्थानों को यदि कोई नुकसान पहुँचाए तो उसे धर्म-विरोधी कृत्य माना जाता था। राजा धृतराष्ट्र अपने वानप्रस्थ गमन के प्रसंग पर पुत्र युधिष्ठिर से कहते हैं कि हे पुत्र! जो सभाभवन, उद्यान या जलाशय आदि को नष्ट करते हैं, ऐसे पापाचारियों को सुवर्णदंड तथा प्राणदंड देना चाहिए। इसमें भले भावना धर्म की हो, सुरक्षा की हो या कोई और हो, पर अंततः इसमें प्रजा का कल्याण होता रहा है।

महाराज युधिष्ठिर ने इंद्रप्रस्थ में अलग राज्य प्रारंभ किया, उसके बाद तुरंत ही महर्षि नारद ने युधिष्ठिर को राजनीति के विषय में जो उपदेश दिया है, उसमें राजा को कृषिक्षेत्र में भी कैसे सतर्क रहना चाहिए और क्या उपाय करने चाहिए, इसकी स्पष्टता की है। जल-व्यवस्था के विषय में नदियों को 'देवमातृक' अर्थात् पूरी तरह दैव पर आधारित हो, इस प्रकार न रखे जाने की सूचना दी है। वर्षा यदि समय पर न हो तो कृषि को पर्याप्त मात्रा में जल नहीं

मिलता है। ऐसे समय में कृषि को जल पहुँचाने के लिए 'नदीमातृक' अर्थात् जो प्रवाह देव अर्थात् वरुण द्वारा नहीं हुआ बल्कि नदी में से निकालकर प्राप्त किया गया है, ऐसा होता है। इसे हम नहरप्रथा भी कह सकते हैं। नारद जी युधिष्ठिर से कहते हैं, उसके अनुसार कृषि हमेशा सृष्टि पर ही आधारित हो, ऐसा नहीं होना चाहिए। एक आश्चर्यजनक उल्लेख ऐसा भी है कि वेश्या व्यवस्था भी तत्कालीन समाज में राज्य के हाथ में ही हो, ऐसा लगता है। आधुनिक समाजशास्त्री ऐसी किसी व्यवस्था को समाज के स्वास्थ्य और उसकी स्थिरता के लिए आवश्यक मानते हैं, ऐसा ही कोई विचार इस राज्यहस्तक व्यवस्था में हो, ऐसा लगता है। अपंग, अनाथ या वृद्धों का निर्वाह करना राज्य का कर्तव्य माना गया है (शांतिपर्व अ. 92/34)। जहाँ तक शिक्षा का संबंध है, वहाँ तक तत्कालीन शिक्षा-व्यवस्था में राज्यहस्तक नहीं बल्कि ऋषियों या ब्राह्मणों के पास उसकी स्वतंत्र व्यवस्था हो, ऐसा लगता है। ऐसी व्यवस्था को पुष्ट करना राज्य का कर्तव्य माना गया है।

आधुनिक राज्य-व्यवस्था में धर्म से विमुख होना गौरवपूर्ण हो, इस तरह भ्रांति पैदा की जाती है। परंतु महाभारतकालीन समग्र राज्य-व्यवस्था का आधार धर्म ही है और इस धर्म का अर्थ किसी-किसी व्यक्तिविशेष या कि निश्चित जनसमूह की सांप्रदायिक मान्यता नहीं, बल्कि व्यक्तिगत उन्नति द्वारा समग्र समाज स्वस्थ रहे, पुष्ट हो और एकवाक्यता का प्रसार हो, यही लक्ष्य रहा है। प्रजा के नाम पर आज जो भी लोककल्याण का आयोजन होता रहता है, ऐसा स्पष्ट आयोजन महाभारतकाल के राजाओं ने किया हो, ऐसा दिखाई नहीं देता है। परंतु उनका राज्यधर्म ऐसे प्रजाकल्याण की भावनाओं से सदैव प्रेरित होता रहता है, इसमें कोई संदेह नहीं। हमारे आधुनिक शासकों को 'धर्म' शब्द से तनिक भी भड़के बिना इस शब्द को इसके यथार्थ में समझने की कोशिश करनी चाहिए, और यदि एक बार यह समझ में आ जाए तो हमारे तत्कालीन संदर्भों में यह शब्दप्रकाश फैलाने में समर्थ है।

□

23

संस्कृति का सर्जन कल्पना-कथाओं से नहीं होता

कुरुक्षेत्र के महायुद्ध के आरंभ में ही इस रणक्षेत्र की श्रीमद्भगवद्गीता में 'धर्मक्षेत्र' के रूप में पहचान कराई गई है। इस युद्ध में अधर्म अर्थात् कौरवों की पराजय हुई और धर्म अर्थात् पांडवों की विजय हुई, ऐसा अभिप्रेत किया गया है। दुर्योधन या धृतराष्ट्र ने पांडवों के साथ के वैरभाव से प्रेरित होकर जो भी अधर्म किए हों, उसे थोड़ी देर के लिए दरकिनार कर दें तो अपने शासनकाल में अन्य किसी पर अन्याय किया हो या अत्याचार किए हों, ऐसा कोई कथानक नहीं मिलता। द्रौपदी का वस्त्रहरण अवश्य अधर्म कहा जा सकता है, पर द्रौपदी के सिवा किसी भी नारी की किसी भी मर्यादा का उल्लंघन किसी कौरव ने कभी भी नहीं किया। द्रौपदी वस्त्रहरण भी द्यूत के परिणामस्वरूप हुआ है और यह द्यूत स्वयं निषेधात्मक है–अधर्म है। यह अधर्म युधिष्ठिर द्वारा स्वयं ही स्वीकारे जाने के बाद यदि यह परिणाम आए तो

उसका मूल्यांकन कैसे किया जा सकता है? युधिष्ठिर और उनका पक्ष यह युद्ध क्या मात्र धर्म की विजय के लिए ही लड़ा था, ऐसा कहा जा सकता है क्या? दुर्योधन ने यदि युधिष्ठिर को उनकी माँग के अनुसार पाँच गाँव देकर समझौता कर लिया होता तो इस 'अधर्म' को भी पांडवों ने धर्मविजय कहा होता?

'धर्म' शब्द महाभारत में सैकड़ों नहीं, हजारों बार इस्तेमाल किया गया है और प्रत्येक बार इसकी अर्थच्छाया तथा भूमिका भिन्न रही है। महाभारतकार ने उसके कथानक के आरंभ में ही जिन उद्देश्यों के विषय में स्पष्टता की है, उसमें 'धर्म' प्रमुख स्थान पर है। कथानक के अंत में इस धर्मतत्त्व का कोई अनुसरण नहीं करता, ऐसा कहकर महर्षि व्यास ने खेद व्यक्त किया है। पांडवों की विजय से ही यदि धर्म की विजय हुई है, ऐसा प्रतिपादित करना होता तो महाभारतकार का यह असंतोष निरर्थक ही होता, परंतु ऐसा हुआ नहीं। कुरुक्षेत्र को धर्मक्षेत्र कहा है और पांडवों की विजय धर्म की विजय है, ऐसा भी प्रतिपादित किया है, फिर भी इस विजय के अंत में भी महाभारतकार तो हताशा और भग्न हृदय के साथ निराशा ही प्रकट करता है—'धर्म का अनुसरण क्यों कोई नहीं करता?' यह स्पष्ट विरोधाभास है और कोई भी विचारशील व्यक्ति या पाठक का यह प्रश्न भी हो सकता है—तो फिर महाभारत के युद्ध को धर्मयुद्ध कैसे कहा जा सकता है?

महाभारत में असंख्य कथानक हैं। कुरुवंश की कथा इन सब में मुख्य कथानक है। मात्र कुरुवंश की यह कथा कहने के लिए ही महर्षि व्यास ने एक लाख श्लोकों की व्याप्ति की हो, ऐसा मानना इस ग्रंथ और इसके कर्ता दोनों के प्रति अन्याय करने जैसी बात है। जिस धर्म की बात उन्हें कहनी है, वह कोई कोरी दार्शनिक या उपदेशात्मक बात नहीं है। यह संदेश उन्होंने कथा के रूप में ढालकर हमें दिया है। यह कथा सौ प्रतिशत इतिहास ही होगा, ऐसा आज की तारीख में विश्वासपूर्वक नहीं कहा जा सकता है और

इसके बावजूद इसमें ऐतिहासिक तथ्य बिल्कुल नहीं हैं और यह तो मात्र धर्म का संदेश अपने अर्थघटनों के साथ देने के लिए रचा गया काल्पनिक कथानक है, यह कहना बिल्कुल सही नहीं है। निरी कल्पना कथा द्वारा ग्रंथ रचा जा सकता है—संस्कृति नहीं! महाभारत की कथा मात्र ग्रंथ नहीं, वह तो जीवंत संस्कृति है और उसी प्रकार से आज हजारों वर्ष बाद भी यह स्वीकार हुई है। जो जीवन प्रजा ने स्वयं न जिया हो, वह जीवन संस्कृति का अंश नहीं बन सकता। कुरुवंश ही इस कथा के उपरांत असंख्य अन्य उपकथानक इसमें समाविष्ट हुए हैं और ऐसे सभी उपकथानक कुरुवंश की कथा की तरह ही संस्कृति का ही अंश बन गए हैं। उदाहरण के लिए, ययाति, शकुंतला, विश्वामित्र, यादवों की कथा आदि।

कुरुवंश की कथा संपत्ति या उत्तराधिकार के लिए किया गया पारिवारिक कलह ही है, इसे अस्वीकार नहीं किया जा सकता। उत्तराधिकार के इस युद्ध में तत्कालीन आर्यावर्त के अन्य राजा भी सम्मिलित हुए हैं। इसमें बहुधा राजाओं के बीच किसी-न-किसी अन्य कारण से पूर्वकालीन वैर या समस्या भी निश्चित रूप से हैं ही। द्रोण-द्रुपद-धृष्टद्युम्न या भीष्म-शिखंडी, कर्ण-अर्जुन, जयद्रथ-अर्जुन ऐसे उदाहरण हैं, जरासंध का कृष्ण द्वारा किया गया वध भी कृष्ण के जरासंध के साथ के कंस वध के निमित्त पैदा हुए शत्रुभाव का ही द्योतक है; अन्यथा भीम या अर्जुन को जरासंध के साथ कोई समस्या थी ही नहीं। जिसे हम आज के अर्थ में जनसमूह या सामान्य जनता कहते हैं, उसे ऐसे किसी राजा या उसके युद्ध में तनिक भी कोई संबंध हो, ऐसा लगता नहीं। दुर्योधन ने अपनी मृत्यु के समय अपने द्वारा चलाए शासन के प्रति संतोष ही व्यक्त किया है और राजा धृतराष्ट्र जब हस्तिनापुर छोड़कर अरण्यवास स्वीकार करता है तो हस्तिनापुर की प्रजा ने उसे विदाई-सम्मान दिया है, उसमें भी राजा के प्रजावात्सल्य और शासन के प्रति संतोष ही प्रकट किया है। इस प्रकार राजा धृतराष्ट्र हों या दुर्योधन या फिर युधिष्ठिर, प्रजा एक वर्ग के रूप में तो इन सभी की ओर से एकसमान ही न्यायी और

संतुष्ट व्यवहार ही पाई हो, ऐसा ही लगता है।

कुरुवंश के उत्तराधिकार का प्रश्न ही ऐसा जटिल बना है कि इसमें कानून के अलावा सामाजिक, आध्यात्मिक और व्यापक कल्याण भावना से प्रेरित हों, ऐसे अन्य पहलू भी जाने-अनजाने जुड़ गए हैं। हर एक पहलू का अपना तर्क है और अपना न्याय भी है! राज्य का विभाजन इसके पहले आर्यावर्त में किसी राजा ने किसी भी अपने उत्तराधिकारियों के बीच नहीं किया था और राजा तो समग्र राज्य का एक ही हो सकता है, यही सिद्धांत व्यवहार में रहा है। इतिहास में पहली बार स्वयं भीष्म ने हस्तिनापुर को दो भाग में बाँटकर पांडवों को इंद्रप्रस्थ का प्रदेश दिया, यह घटना ही इस बात का संकेत देती है कि इस समस्या का कोई स्पष्ट निराकरण नहीं, भीष्म यह बात जानते थे; इतना ही नहीं, किसी एक पक्ष में शत-प्रतिशत धर्म या न्याय रहा है, ऐसा कह सकने ही स्थिति में स्वयं भीष्म नहीं थे। ऐसी विकट परिस्थिति में जब दोनों की पक्ष अपने-अपने ढंग से समर्थ हों और हमारे ही पक्ष में न्याय है, ऐसा मानते हों, तो विग्रह और संघर्ष अनिवार्य बन जाते हैं।

ऐसी स्थिति में प्रश्न धर्मबुद्धि का है और यह धर्मबुद्धि माने दोनों में से किस पक्ष में धर्म का अनुशीलन अधिक मात्रा में है, और यदि विजय एक या दूसरे पक्ष को मिले तो कौन सा पक्ष विजय प्राप्त करने के बाद धर्म को अधिक व्यापक अर्थ में उज्ज्वल कर सकता है, यह जानना विवेक-बुद्धि का काम है। द्रौपदी का चीर-हरण निश्चित ही अत्यंत लज्जास्पद घटना है और यह घटना ही इसके बाद दोनों पक्षों के बीच सर्वनाश के सिवाय समाप्त नहीं हो सके, ऐसे अंतर की ओर खिंच गई है, इसमें कोई शक नहीं। इस घटना से कौरवपक्ष में अधिक हानि हुई है, यह भी स्वीकार करना चाहिए। इसके बावजूद द्रौपदी ने पाठभेद से कुछ कथानकों के अनुसार इसके पहले दुर्योधन (राजसूर्य यज्ञ के अवसर पर) को और कर्ण को (द्रौपदी स्वयंवर के समय) जिस तरह से अपमानित किया था, उस अपमान की आग भी द्रौपदी को ऐसी निर्वस्त्र अवस्था में खींच ले गई थी, यह नहीं भूलना चाहिए। इतना ही

नहीं, इस परिस्थिति के मूल में द्यूत जैसी निषेधात्मक प्रवृत्ति रही है, यह भी याद रखना चाहिए। युधिष्ठिर भले कहते हों कि उन्हें जो भी कोई द्यूत खेलने निमंत्रण दे तो उसे अस्वीकार न करने की उनकी प्रतिज्ञा है कि यह उनकी राजनीति है, पर इसमें कोई सच्चाई नहीं। अरण्यवास (वनवास) के दौरान स्वयं युधिष्ठिर ने अपने द्यूत खेलने का रहस्य खोलते हुए कहा है कि वे द्यूत-क्रीड़ा में बहुत प्रवीण हैं, ऐसा मानते थे और दुर्योधन को इस तरह सरलता से परास्त करके उसका राज्य छीन लेंगे, ऐसी धारणा से ही उन्होंने द्यूत खेलने का निमंत्रण स्वीकार किया था। इसका अर्थ ही यह हुआ कि युधिष्ठिर भले ही धर्मपुरुष माने गए हों, पर उनके पेट में भी पाप तो था ही!

पाप से प्रेरित ऐसी घटना में विधेयात्मक परिणाम की आशा रखी ही नहीं जा सकती है। युधिष्ठिर को अपने पाप का फल तुरंत ही मिला—प्राणप्रिय पत्नी का अपमान भरी सभा में हुआ और दुर्योधन को अपने पाप का फल तेरह वर्ष के बाद मिला। उसका सर्वनाश हुआ।

संपूर्ण धर्म एक भी पक्ष में नहीं और इसी तरह संपूर्ण अधर्म भी किसी भी पक्ष में नहीं, ऐसा सावधानी के साथ कहा जा सकता है; सवाल मात्र धर्मविषयक विवेकबुद्धि का है और यह विवेकबुद्धि प्रत्येक समझदार व्यक्ति में होनी चाहिए, यही तो धर्म का संकेत है। जीवन में कदम-कदम पर धर्म और अधर्म दोनों मिलते ही रहनेवाले हैं। इसमें कभी हम प्रत्यक्ष रूप से जुड़े हुए रहते हैं तो कभी अप्रत्य रूप से भी जुड़े होंगे। पर हर बार धर्म की समझ होना पूर्वशर्त है। यह संदेश उन्होंने कौरवों या पांडवों के द्वारा नहीं दिया। इस संदेश का वाहक तो बने हैं श्रीकृष्ण।

धर्म के अनुशीलन में निजी स्वार्थ को निकालना (छोड़ना) सर्वप्रथम अनिवार्य शर्त है। जो कोई भी व्यक्ति किसी भी घटना को स्वयं से अलग करके देख सकता है, वह व्यक्ति धर्म का दर्शन कर सकता है। एक बार ऐसा दर्शन हो जाए, उसके बाद यह व्यक्ति स्वयं को समग्र घटना से अलग नहीं कर सकता। धर्म क्या है, कहाँ है, किसके पक्ष में है, ये प्रश्न स्वयं से

अलग करने के बाद समझ में आ जाएँ, इसके लिए अपने आप को भी होम कर देना, ऐसे व्यक्ति के लिए अपना धर्म बन जाता है। श्रीकृष्ण ने यह काम किया है। मथुरा का कंस वध हो या कुरुक्षेत्र में भीष्म, द्रोण कर्ण या दुर्योधन का वध हो…कृष्ण ने ये तमाम वध, देखने में अधर्म लगें, इस तरह कराए हैं। कौरव और पांडव इस प्रकार दो पक्षों में विभाजित हुए धर्म का पासा पांडवपक्ष में थोड़ा अधिक वजनदार है, यह तो हर व्यक्ति को मानना पड़ेगा। यदि धर्म का तत्त्व पांडवपक्ष में अधिक संरक्षित रहा हो तो फिर उसकी रक्षा करना धर्म का अनुशीलन कहा जाएगा।

कुरुक्षेत्र को धर्मक्षेत्र कैसे कहा जा सकता है, यह मुद्दा भी थोड़ा विचार कर देख लें। इस शब्द का प्रयोग महाभारतकार ने गीता के आरंभ में ही धृतराष्ट्र के मुख से कराया है। गीता की प्रस्तुति युद्ध के दसवें दिन के बाद हुई है। सेनापति भीष्म अर्जुन के हाथों धराशायी हुए, यह वृत्तांत संजय ने अंधे राजा धृतराष्ट्र को सुनाया तो व्यथित होकर राजा युद्ध का विस्तारपूर्वक वर्णन जानना चाहते हैं। उस समय Flash Back पद्धति से संजय ने युद्ध के पहले दिन—युद्ध आरंभ होने के पहले जो हुआ, उसकी बात कही है। इसमें सर्वप्रथम प्रश्न धृतराष्ट्र ने किया है—'हे संजय! इस धर्मभूमि कुरुक्षेत्र में मेरे पुत्रों और पांडु के पुत्रों ने क्या किया, यह मुझे बताओ?' इसमें धर्मक्षेत्र जितना ही महत्त्व का शब्द 'मामका:' शब्द है! धृतराष्ट्र का पुत्रमोह और इस मोह से प्रेरित अपने पक्ष में उसे जो धर्म लगता है, उसी के कारण वह इस रणक्षेत्र को धर्मक्षेत्र कहता है! धर्म अपने पक्ष में है—सामर्थ्य भी अपने पक्ष में ही है। इस विश्वास से प्रेरित होकर उसने इस शब्द का प्रयोग किया हो, यह तर्कसंगत है। यदि अपनी विजय निश्चित ही हो तो वह धर्म की ही विजय है, यह बाद में प्रतिपादित हो सकता है, इस अवधारणा से उसने रणभूमि को धर्मक्षेत्र कहा हो, ऐसा निश्चित ही संभव है।

प्रश्न के अंत में जो शंका उत्पन्न की गई है, उसके विषय में थोड़ा विचार करें। यदि दुर्योधन ने पांडवों को उनके प्रस्ताव के अनुसार पाँच गाँव

दे दिए होते तो युद्ध टाला जा सका होता। ऐसी स्थिति में पांडव की अर्थात् 'धर्म की विजय' हुई है, ऐसा कहा जा सका होता क्या? इस प्रश्न की भूमिका में थोड़ा गहरे उतरना चाहिए। पांडव हमारे पक्ष में धर्म है, ऐसा मानते थे। इतना ही नहीं, इस धर्म की पुनर्स्थापना के लिए विजय प्राप्त कर सकें, ऐसा सामर्थ्य भी उनके पास था। इसके बावजूद धर्मविजय के लिए ऐसे लाखों निर्दोष लोगों का वध हो जाना अनिवार्य था। ये निर्दोष भले 'धर्मस्थापनार्थाय' मरे थे, ऐसा कहते हैं, पर वास्तव में इस युद्ध से जो प्रत्यक्ष लाभ होना था, वह तो युधिष्ठिर के राज्यारोहण का ही था! अपना यह लाभ छोड़ देने से यदि लाखों जीवों की हत्या रुक सकती हो तो यह व्यापक धर्म की रक्षा के लिए संकुचित धर्म का त्याग करने जैसा उम्दा काम ही हुआ कहा जा सकता है। यहाँ पांडवपक्ष में धर्म की कैसी चिंता है, यही सिद्ध होती है। अपना अधिकार और आग्रह दोनों त्यागकर व्यापक धर्मभावना का हित लक्ष्य में रखना, यह सामान्य शक्ति का काम नहीं। दुर्योधन ऐसा नगण्य काम भी स्वेच्छया नहीं कर सका और इस तरह धर्म के प्रति अवज्ञा, नासमझी या अहंकार, जो भी कहो, वह व्यक्त हुआ है। इसी कारण से उसका पक्ष धर्म से विमुख हुआ, इस हद तक पांडवों की विजय को 'धर्म की विजय' कह सकते हैं।

बाकी युद्ध हल नहीं, समस्या ही है। मानवजाति जब किसी समस्या का निराकरण मानवीय ढंग से नहीं खोज पाती है तो आदिमवृत्ति से प्रेरित होकर वह पशुबल का सहारा लेती है। इस प्रकार मनुष्य पर पशु की जीत होती है। इसे आप पराक्रम, वीरता, शौर्य या धर्मविजय, ऐसे चाहे जो नाम दे सकते हैं! युधिष्ठिर से लेकर द्वितीय विश्वयुद्ध के विजेता ट्रूमेन-चर्चिल-स्टालिन तक के विजेता युद्ध के अंत में धर्मविजय की ही बात करते रहे हैं! धर्म युद्ध का निवारण करने में है—युद्ध में विजय प्राप्त करना भले ही अनिवार्य आपत्ति बन जाती हो, पर युद्ध के अंत में जो प्राप्त होता है, उसमें कोई विजय नहीं होती, और यह बात कथित धर्मविजय के बाद भी रहती

है। पांडवों का हताश अवस्था में स्वर्गारोहण या सोमनाथ के समुद्रतट पर यादवकुल के आत्मविलोपन द्वारा यह बात महर्षि व्यास ने इंगित की है। ऐसे संकुल जीवनक्रम में धर्म का अनुशीलन और इस अनुशीलन द्वारा प्राप्त होता सुख तभी संभव होता है, जब तमाम समस्याओं के क्षण में स्थूल लाभ में से स्वयं को उबार लिया जाए और फिर जहाँ अधिक धर्म है, उसकी रक्षा के लिए स्वयं का पूर्ण समर्पण करने में कोई संकोच न रहे! धर्मतत्त्व का स्वीकार इसी तरह से संभव होता है, अन्यथा धर्म भी वंध्य वाणीविलास ही बनकर रह जाता है।

□□□